会展
The Union Art Books
艺术馆

现代会展简史

许传宏 编著

上海科学技术文献出版社
Shanghai Scientific and Technological Literature Press

图书在版编目（CIP）数据

现代会展简史 / 许传宏编著．—上海：上海科学技术文献出版社，2015.6

ISBN 978-7-5439-6729-8

Ⅰ．①现… Ⅱ．①许… Ⅲ．①展览会—产业发展—历史—世界 Ⅳ．①G245

中国版本图书馆 CIP 数据核字（2015）第 117380 号

总 策 划　梅雪林
项目统筹　张　树
责任编辑　王卓娅　王建芳
封面设计　郁　悦　褚志娟

书　名：现代会展简史

许传宏　编著
出版发行：上海科学技术文献出版社
地　　址：上海市长乐路 746 号
邮政编码：200040
经　　销：全国新华书店
印　　刷：江阴市华力印务有限公司
开　　本：710×1000　1/16
印　　张：14
字　　数：228 000
版　　次：2015 年 7 月第 1 版　2015 年 7 月第 1 次印刷
书　　号：ISBN 978-7-5439-6729-8
定　　价：48.00 元
http://www.sstlp.com

前言
Foreword

2005年7月，联合国国际经济和社会分类专家小组在法国巴黎正式将会议与展览业确定为一个“独立的产业”，会展产业在全球经济中的地位越来越重要。

有数据显示，到2006年底，中国展馆的数量已跃居全球首位，中国作为全球会展大国的地位已基本确立。

本书在对人类会展活动的起源与发展进行深入探讨之后，重点对中外现代会展的历史发展进行了描述。

本书在编写过程中吸收了国内外会展相关理论研究的新成果，具有以下特点：

（1）系统性。本书系统地阐述了中外会展的历史发展过程，把握精要。

（2）简明性。本书对具有代表性的国家（地区）的现代会展发展进行了简要概括。

（3）客观性。本书对中外会展历史发展中的时间、事件、人物以及重要国家（地区）的会议、展览与节事活动、城市与场馆、会展政策与管理，本着实事求是的原则进行了客观描述。

（4）创新性。本书对中外会展历史的发展提出了许多创新观点，如人类会展的起源、发生在我国古代的“儒道高峰论坛”等，有些观点为首次提出，具有一定的前瞻性。

（5）直观性。本书在编写形式上大量使用图表，形象直观，便于阅读。

会展史目前还是一个崭新的领域，会展史的诸多内容仍处于不断发现和探索阶段，因此，本书不妥甚至不当之处恳请各界朋友批评指正，以便今后能不断地进行补充、完善。

许传宏

2015年2月于上海

目录

Contents

第一章
远古时代的会展活动

第一节　物物交换的原始时期

一、原始的会展因素与形态

对于会展史，我们首先要思考的问题是：人类会展活动的源头在哪里？

考古学发现，非洲的古人类化石及文化遗存年代达200万年以上；而就我国至今发现的资料及研究结果来看，大约距今180万年到10万年前的旧石器时代，人们已学会了制造石器，学会了使用和管理火。

在漫长的岁月里，人类的祖先凭借着顽强的毅力使生命之河长流不息。

随着科学技术手段与水平的提高，新的历史发现不断产生。在山西怀仁鹅毛口遗址现场，我国考古人员发现，现今鹅毛口村附近的两条冲沟的源头及附近山包地表，分布着大量新石器时代的打制石器，整个遗址约2万平方米，形成一个制造石器的大型场所（图1–1）。

图1–1　山西怀仁鹅毛口遗址现场

可以想见，那时生活在附近的先民们，长期利用这个合适的原料产地，加工制作生产中所需的各类石器，他们为了生产与生活而聚集在一起，劳作并交流，以至展示和欣赏自己的劳动成果——石锄、手斧、刮削器、砍砸器、尖状器、龟背状斧形器等。远古人类的这些活动有意或无意中已包含了“会”或“展”的因素——人员与物品的集聚、交流、展示。

图1-2　大溪文化中的玉饰品

近年来，有学者在对四川省巫山县大溪文化遗址研究时发现，大溪文化中的玦、璜等玉饰品（图1-2），同长江下游的河姆渡、崧泽及良渚等文化中的玉器种类、形制、用途等类似。由此推断大溪文化的居民区同四川、江西腹地、广东和位于淮河流域的河南及安徽部分地区，甚至通过中间媒介同长江下游的同时代居民进行过广泛的经济与文化交流。

美国学者林恩·桑戴克在《世界文化史》一书中也曾记载道：在瑞士较晚的湖村里可以找到由波罗的海而来的琥珀制成的串珠，在新石器时代结束以前，克里特与埃及和塞浦路斯岛已有船舶往来通商与交流了。

当然，这一时期，人类所进行的交流与交易活动，只能呈现出无组织、无定所、特征不明显的原始会展形态。

二、原始时期的物物交换

原始社会后期，距今约8000年前，人类完成了第一次社会大分工。社会大分工促进了生产力的发展，剩余产品出现，从而产生了交换剩余产品的活动。

原始的贸易形式是物物交换，这种物物的交换在规模上是很小的。物物交换的双方既是买方又是卖方，他们各自展示自己的剩余产品，同时察看对方的产品，以决定是否交换（图1-3）。

原始社会里，由于自然资源分布不均以及各原始共同体之间生产技术存在着差异，使得他们之间的交换成为必然。尤其是原始社会末期，人类社会大分工发展、扩大，形成了专门从事农业生产、手工业生产和畜牧业生产的部落。人类为了获取自身没有的物品，在部落之间的边界上开始着经常性、习惯性的物物交换。但是这种交易的地点不固定，时间不固定，只是临时性和偶然性的，且规模很小。同时，随着社会化大分工的发展，畜牧业、农业和手工业的分离，青铜工具和铁制工具的使用，促进了商品生产和商品交换的发展，并为大规模的物质文化交流活动提供了可能性。

物物交换虽然是原始、偶然的交易，但其形式却包含了展览的基本原理，即通过展示来达到交换的目的，它已经具备了陈列、展示等展览的基本特征。这是展览的原始形式和原始阶段。

图1–3 丰子恺画作《物物交换》

三、原始贸易交流活动的发展

需要指出的是，原始公社内部是不存在商品交换的。最早的商品交换是从原始共同体的尽头处，即一个共同体与另一个共同体交界的地方开始的。由于两个共同体成员发生接触，以自己多余的东西换取自己所需要的东西，故而原始贸易交换发生了。

货币的出现，在人类的贸易交流活动的历史上具有非凡的意义。甲骨文中“贝”字的使用和商墓中“贝”的出土，说明在中国至少是商代已将“贝”作为货币使用了。商末的铜器铭文中，也常有“赐贝”和“赏贝”的记录，并且作为交换的媒介往往以“朋”为计算单位。

研究表明，在相当长的一段时期内，物物交换与使用货币交换在人类历史上同时进行。我国周代的一些民间交易活动，由于数量很小，大多是以物易物，相互交换一些生活必需品。

《尚书·酒诰》中记载：“肇牵车牛，远服贾用，孝养厥父母。”反映了当时由于自然条件的差异而造成的地域之间的分工，即某些生活必需品，不但不是人人能生产、处处能生产，而且必须通过交换才能作为他们自给自足自然经济的一种补充手段。

可以说，从形式上看，传统意义的会展源于原始社会时期的物物交换。随着社会经济的发展和社会分工的不断扩大，产品越来越丰富，偶然性的交换逐渐发展成为具有固定时间和固定地点的交换，于是，传统形式的会展——集市也就产生了。

第二节 集市的形成与发展

集市交易是远古时代会展业的早期雏形。两千多年前，我国古代典籍《易经》中就有“日中为市，致天下之民，聚天下之货，交易而退，各得其所”的记载；《吕氏春秋·审分览·勿躬》也有“祝融作市”的记载。

集市是市、集、庙会等多种市场交换形式的统称。在我国，不同时期和不同地区有许多种形式和名称，如集、市、草市、村市、墟、场等。几千年来，集市一直是我国商品流通的重要途径。在古代农村，集市一般称为草市、村市等。草市产生于东晋，发展于唐，到北宋年间已遍布各地城郊。如北宋苏轼有“春江围草市”、南宋陆游有“草市寒沽酒”的诗句。

一、集

中国古代集市的形成促进了商品流通。中国会展业起步虽然较晚，但具有商业性质和作为早期展览会雏形的集市已经具有悠久的历史，最早出现在2000多年前的古代奴隶社会。

古代的“集”又称草市、村市，我国农村不同地域的集又有不同的表达方法，如墟、场等。

“集”是随着社会分工和经济交流的扩大发展起来的。“集”的地点较为固定，举办的时间也具有明显的周期性，参加者主要是农民、手工业者，他们之间的买卖活动既是生产者向消费者直接出售，也是生产者之间的产品流通。这些特点已经构成了展览活动的雏形。

《诗经·卫风·氓》中的“氓之嗤嗤，抱布贸丝”描绘的就是一幅老百姓在集市中交易劳动产品，并表达青年男女情感的古代生活图景（图1-4）。

“集”的展示交易概念流传至今，我国不少乡镇仍有逢集、赶集、集上、上集、下集等叫法。集市作为农副产品买卖双方交易的场所，依然发挥着重要的作用。

图1–4 《诗经·卫风·氓》场景图

在西方，博览会的英文名称以“exhibition”“exposition”“fair”为常见。其中，“fair”一词原指集市，源于拉丁语“feria”，意为节日。显然，这样的集市往往是融贸易与庆祝、娱乐为一体的。西方展会的起源，正可以追溯到融商业贸易与娱乐活动为一体的大型集市——“fair”。

二、市

在古代城邑里，“集市”一般被称作“市”，如《太平御览》中记载：“三辅黄图曰：元始四年（公元4年），起明堂、辟雍长安城南，北为会市，但列槐树百行为队，无墙屋，诸生朔望（夏历每月初一与十五）会此市，各持其郡所出货物，及经书传记、笙磬器物，相与买卖，雍容揖让，或议论槐下。”

“市”作为人们交换产品的场所，到西周时期发展成为官府控制的市场。在此后的几百年里，市的设立或撤销由官府来决定，市坊制曾一度流行，市是商业区，坊是住宅区，市区不建住宅，坊区不设店铺。

据《兮甲盘》铭文记载，西周与南淮夷做买卖而设立了“互市”，这是中国历史上与其他民族和国家开展贸易活动而设立的市场，又称通关市或榷场。古代的互市大多在官府的控制之下，并由被称为“市监”的专职官员来监管。互市中以马市最为有名，马市是官府用金、银、帛、茶、盐等物与边境外的民族如突厥、回、满、蒙等换马的集。在清朝之前，互市主要设立在陆地边境。随着互市的不断繁荣、壮大，到了清朝，在沿海地区也开辟了互市。

到了宋朝，市的地域、时间都被打破，官府控制的市逐渐消亡，市进入了一个新的发展阶段。随着货币和商人的介入，逐渐发展为商业区，商业色彩日益浓厚，如市中先后出现零售性质的肆和批发性质的邸店。

随着商品等价物——货币的出现和商人的出现，市已初步具备商业雏形。后来，具有现代商业特性的“肆”和“邸店”就滥觞于市。

“市”的进一步发展也促进了城市的发展。《史记·货殖列传》载，战国时期市场上的商品，所有“被服、饮食、奉生、送死之具”都待“商而通之”，东西南北的土特产品，在中原市场上都可以买到。商业的迅速发展，也使得原来武装驻守初期的都市形态逐渐转变为以商业贸易为中心的繁荣城市。战国时代的陶（相当于今山东定陶县）就曾一度成为当时的经济都会。

在西方，公元前800至公元前700年的奥林匹克时期，古希腊就有了和奥运会同时举行的集市。在古罗马时期，人们将集市日期逐步固定下来，一般是每周举行一次，称为“周市”。周市按交易内容的不同又形成了不同特色的集市，如米市、油市、鱼市、马市等。

历史上最为显赫的是法国北部的香槟区的市集，它是名义上依附于法兰西国王的香槟伯爵在其领地上建立的跨国界的集市贸易中心。它位于当时法国的东北部，东临德意志，北靠弗兰德，其边界为法兰西所环抱，正处在法国与地中海之间的贸易商道上，无论是陆路，还是水路，交通都极为方便，因而这里商贾云集，成为来自意大利、弗兰德、英格兰、德意志和法国其他地区的商人聚会之地（图1-5）。

香槟集市每年定期在伯爵领地内的4个城市轮流举行。12—13世纪是市集最风光的时期，每次市集持续约6个星期，商人们从欧洲、中东、非洲涌来，有来自40个地区和城市的多种物品在这里交易。在这里，东方的香料和奢侈品，弗兰德的呢绒，法国的葡萄酒和家畜，德国的金属制品，英国的羊毛和铅、锡，北欧的皮毛等都在集市上出售，香槟伯爵则从商品交易中抽取税利。1300年，香槟伯爵的领地归法王治理，封建主沿途征税，损害了商人利益，商路开始由内陆转向海上。1337年爆发英法百年战

图1-5　香槟市集旧址

争，纷乱的战争环境最终使曾经兴旺200年之久的市集，在14世纪逐渐衰落。

三、庙会

古往今来，许多学者都曾对庙会做过精辟的解释。《辞海》里解释为“庙市”，指在特定日期、在寺庙内及其四周举办的集市活动，故称“庙会”。

庙会最早是宗教活动的产物。汉代以后，庙会向多元化转变。汉代庙会的主体性质因为佛教文化的传入而发生了变化。从此，佛教文化涌向中原大地。伴随着佛教教义的传播，佛寺星罗棋布，许多著名的寺院如洛阳白马寺、开封相国寺等，如雨后春笋，林立中原，分布于中原地区的名山、巨邑、小镇。于是，崇佛庙会应运而生，林林总总。中原地区广大庙会群中，佛与道或分庭抗礼，或相互渗透，使庙会文化更加丰富。

唐宋时代，经济高度发展，中原地区居于全国的领先地位，保持着中心位置。道教文化经过帝王们的倡导迅速地繁盛起来。道教文化是强大的本土文化，庙、台、祠、宫、观、庵等道教建筑在中原地区的分布十分密集。如登封中岳庙、洛阳关林庙、桐柏淮渎庙、汤阴文王庙、洛阳周公庙、内乡文庙、淮阳人祖庙、西华女娲庙、商丘阏伯台、鹿邑太清宫和老君台、陕西药王山庙（图1–6）等。

唐代时期就已兴盛的还有各地的龙王庙、天爷庙、祖师庙、娘娘庙、火神庙、土地庙、城隍庙、关爷庙、山神庙、河神庙、禹王庙、圣母庙、二郎神庙、泰山庙、虫王庙等，数不胜数。这些庙宇为日后庙会的发展奠定了基础。

北宋时期，中原地区一度出现了经济大繁荣和文化大繁荣，以东京开封为中心的城镇经济迅速发展，庙会亦应运而兴，出现了一派繁荣景象。

《北平风俗类征·市肆》引《妙香室丛话》：“京师隆福寺，每月九日，百货云集，谓之庙会。”

图1–6　起源于唐代的药王山庙会

在《东京梦华录》卷三里有

这样的记载："相国寺每月五次开放，万姓交易。大三门上皆是飞禽猫犬之类，珍禽奇兽，无所不有。第二、三门皆动用什物……殿后资圣门前，皆书籍、玩好、图画及诸路罢任官员土物、香药之类。"

到了明清时期，在京城，甚至在各个中小城市和乡村都有了庙会。最初，在宗教节日，寺庙及祭祖场所因有多人云集求神拜佛，一些小生产者、商贩便借集会兜售烟火、供品等产品。后来，逐渐百货云集，成为比一般集市规模更大、货物更多的大型集市。这种集市是因宗教事件并在宗教场所产生、发展起来的，故又称庙市。可见，庙会是历史上遗留下来的，它最初以寺庙为依托，以宗教活动为动因，以集市活动为表现形式，很多地区至今仍在举行。

中国庙会是从古代严肃的宗庙祭祀和社祭及民间的信仰中孕育诞生而来的。汉、唐、宋时期，加入佛教、道教的宗教信仰和娱乐形式，尤其经过明清的进一步完善发展，突出商贸功能，从而成为人们经济生活、精神生活和文化生活的重要组成部分。

庙会作为商品交往媒介，对促进商品流通、沟通城乡联系等具有重要的经济意义。庙会的影响和作用也进一步扩大，比起乡村的集，庙会的内容更加丰富多彩，除了传统的产品交易外，还包括宗教仪式、文化娱乐活动等。随着社会的发展，特别是经济的发展，庙会和集市交易融为一体，成为人们敬祀神灵、交流感情和贸易往来的综合性社会活动。

第三节　古代的会议、展览与节事活动

一、古代的会议活动

据史料记载，早在原始社会阶段，部落首领召集氏族议事、选举酋长等就已经采用会议的形式。在我国史籍中就记载着尧召集部落酋长用会议形式决定继承人和治水人选的事情。

在人类历史发展的长河中，有不少重要的会议记载，例如，我国春秋时期，齐桓公于公元前651年在葵丘召开各诸侯会盟，提出“尊王攘夷”的政治主张，从而确立了自己的春秋霸主地位。

司马迁在《史记·老子韩非列传》中详细记载了我国古代堪称“高峰论坛”的盛况：

> 孔子适周，将问礼于老子。老子曰：“子所言者，其人与骨皆已朽矣，独其言在耳。且君子得其时则驾，不得其时则蓬累而行。吾闻之，良贾深藏若虚，君子盛德，容貌若愚。去子之骄气与多欲，态色与淫志，是皆无益于子之身。吾所以告子，若是而已。”孔子去，谓弟子曰：“鸟，吾知其能飞；鱼，吾知其能游；兽，吾知其能走。走者可以为罔，游者可以为纶，飞者可以为矰。至于龙吾不能知，其乘风云而上天。吾今日见老子，其犹龙邪！”

从司马迁形象的描绘中，我们可以看到，论坛进行得很激烈。老子听了孔子的发言后，斥道：“你年纪不大，骨头却都腐朽了。如此的骄气、多欲、好色、淫志，还配做老师吗？”虽然自己的观点遭到批驳，但孔子却对老子佩服得五体投地。

在“儒道高峰论坛”上，老子与孔子两位文化巨人相会，这可以说是一件对中国思想文化史的发展产生了巨大而深远影响的事件。老子与孔子的会晤，是历史上儒道两家的第一次对话。老子与孔子的分歧，是儒道两家所分别代表的两种文化观念的分歧，也是中国古代知识分子的两种价值取向和处世态度的分歧。

美国加州大学历史学教授斯塔夫里阿诺斯在《全球通史》中记载：古希腊的伯里克利时期，为了处理雅典事务，一年要定期召开40次公民大会，如果需要的话还可以召开临时会议。雅典的公民大会不仅要解决一般的政策性问题，还要对政府在外交、军事和财政等一切领域的所有活动作出详细的规定。研究表明，雅典的公民大会不仅制度规整，而且程序完备，效率很高，堪称人类智慧与文明的创举。

知识链接

伯里克利在殉国将士葬礼上的演说词（节选）

我们的政体并不与其他人的制度相敌对。我们不模仿我们的邻人，相反，我们是他们的榜样。我们的政体的确可以称得上是真正的民主政体，因为行政权不是掌握在少数人手中，而是掌握在多数人手里。一个公民只要有长处，就能受到提拔，担任公职。贫穷也不再是参政的障碍，任何人都可以有益于国家，不管他的家境有多暗淡。

在我们之中，公开告知贫困并不丢脸，丢脸的是不去设法摆脱贫穷。雅典公民不因照顾小家而忽视国家。我们认为，行动的最大障碍不是来自讨论，而是来自为准备行动而进行的讨论中的知识的匮乏。因为在行动前和行动中我们都必须有特别强大的思考能力……

总之，我要说，雅典是希腊的学校……

烈士们已经英勇殉国，他们的孩子在长大以后也应该发扬他们这种为公共事业而献身的精神。在这场战争之后，希腊将把这一稳固的精神，连同我们为烈士献上的花环，一起献给她活着或逝去的儿子。

二、古代的展览活动

人类的展览活动最早可追溯到原始社会的洞窟壁画（也称岩画）。这种画遍布世界许多国家，延续时间大约从3万年前直到今天，是智慧天成的艺术，也是人类会展史上蔚为奇观的常年展。

据不完全统计，目前约有70个国家、780个地区、数千个地点发现了岩画。已经记录下来的岩画图像约有2000万个。

例如，1940年发现的法国的拉斯科洞窟壁画，其制作年代大约是公元前15000年。这个洞窟有主洞、内洞、边洞以及联系洞的通道。在长约180米的洞壁和洞顶上，布满了红、黑、黄、白各色动物群像。数量最多的是马，其次是野牛，还有鹿、猛犸、猫、犀牛、山羊等，共100只以上（图1-7）。

拉斯科洞窟壁画的形象大多用粗壮而老练的黑线勾画出轮廓，并以红、黑、褐色渲染形体的起伏变化，气势雄壮、富有动感。

图1-7　法国拉斯科洞窟壁画《兽群》

中国是世界上最早发现并记录岩画的国家。早在5世纪，北魏地理学家郦道元在他的《水经注》中，对岩画记载就达20多处。目前，全国已在黑龙江、内蒙古、甘肃、宁夏、青海、西藏、四川、贵州、广西、云南、广东、台湾、香港、澳门、福建、江苏、安徽、山西、河南、浙江等约20个省（区）、80个县（旗）发现了岩画，遗址总数数百个，作品多达几十万幅。

随着人类文明的不断发展，人类所创造出来的精神财富（包括哲学、文学、戏剧、建筑、雕刻、制陶、绘画等），呈现出空前的活跃，代代流传。作为人类文化遗产的这些曾经的文明——世界各地的文化遗址，至今仍彰显着它的无穷魅力。

在中国古代历史上，有组织的展览活动也曾出现过。在《旧唐书》卷一百五《韦坚传》中记载，在唐代天宝初年，陕郡太守、水陆转运使韦坚开槽渠引渭水至长安，在宫苑墙外造广运潭，广集各地酒舟所载的地方特产供皇帝观览，展示茶米油盐、山珍海味、绫罗绸缎、奇珍异宝、珠宝首饰、纸笔砚墨等。就形式和规模而言，已具有了博览会的雏形。

另据记载，隋大业五年（公元609年），隋炀帝在焉支山曾召开过一次展览盛会，可以称作是古代的“博览会”。当时参加这一盛会的有突厥、新罗、靺鞨、毕大辞、诃咄、传越、乌那曷、波腊、吐火罗、俱虑建、忽论、诃多、沛汗、龟兹、疏勒、于阗、安国、曹国、何国、穆国、毕、衣密、失范延、伽折、契丹等国。《资治通鉴》对此盛会作了如下记载：“其蛮夷陪列者，二十余国。”

在古代，也出现过多种专业性的展览形式，如唐代时，为了倡导农具革新，曾收集各地收割用的农具陈列于殿堂，以供宫廷王公大臣等参观和学习；元代时，人们为了纪念纺织专家黄道婆，将其生前所用的织机、纺车等纺织用品汇集在一起，立庙展览等。

三、古代的节事活动

原始节事活动滥觞于宗教活动。节事与人类应对生存挑战、表达宗教信仰紧密联系在一起。据史学家和考古学家研究，在地球的各大洲，为了平息神的怒气，人们通过日常生活中具有重要象征和现实意义的各类活动与比赛，创造了独特的节事活动。

古代的宗教活动有对自然的崇拜活动，也有对图腾、祖先的崇拜活动。这种崇拜活动规模之大、时间之长、次数之频、形式之繁以及牺牲之多都是空前的。人们认为，只有如此隆重的祭祀，才能获得祖先、神灵的欢悦和保护以趋祸避灾。

我国商朝的祭祀活动更是名目繁多，几乎举办任何事情都要祭祀。祭祀是奴隶主的活动，就不免要杀死奴隶用以祭献，因而，商代的人祭使人触目惊心。

周代，王为群姓立社，称为太社，自为立社，称为王社。诸侯为百姓立社，称为国社，自为立社，称为侯社。百姓二十五家为里，里各立社，称为民社或里社。而社神是土地神，为民社的精神支柱，民众向社神祈求风调雨顺，就要进行社祭。

社祭时要有舞乐。《周礼·春官》："若乐六变，则天神皆降，可得而礼矣……若乐八变，则地示（同祇，土地神）皆出，可得而礼矣……若乐九变，则人鬼可得而礼矣。"可见，自古以来，祭神时总少不了舞蹈、音乐。这对后世祭神、娱神以至娱人的节事活动无疑有着深刻的影响。

东汉时期，佛教开始传入中国。同时，这一时期的道教也逐渐形成。它们互相之间展开了激烈的生存竞争，在南北朝时都各自站稳了脚跟。而在唐宋时，则又都达到了自己的全盛时期，出现了名目繁多的宗教活动，如圣诞庆典、坛醮斋戒、水陆道场等。佛、道二教竞争的焦点，一是寺庙、道观的修建；二是争取信徒，招徕群众。为此，在宗教仪式上均增加了媚众的娱乐内容，如舞蹈、戏剧、出巡等。这样，不仅善男信女们趋之若鹜，乐此不疲，而且许多凡夫俗子也多愿意随喜添趣。为了争取群众，佛道二教常常用走出庙观的方式扩大影响。北魏时佛教盛行的"行像"活动就是如此。

原来属于民间信仰的报赛酬神活动，纷纷与佛道神灵相结合。其活动也由乡间里社逐渐转移到佛寺和道观中进行。在佛道二教举行各种节日庆典时，民间的各种社、会组织也主动前往集会助兴。这样，寺庙、道观场所便逐渐成了以宗教活动为依托的群众聚会的场所了。而这些宗教活动逐渐世俗化，也就是说，更多的是由民间俗众出面协商举办。这种变化，不仅大大增加了这些活动自身的吸引力和热闹程度，也使这些活动中的商贸气息随着群众性、娱乐性的加强而相应增加。

知识链接

中华民族传统节日一览表（节选）

民族	节日	日期
汉族	春节	正月初一日
	财神节	正月初二日
	破五节	正月初五日
	人胜节（人日）	正月初七日
	春牛节	在立春之日
	元宵节（上元节、灯节）	正月十五日
	燕九节（筵九节）	正月十九日
	填仓节	正月廿五日
	送穷节（送穷日）	正月廿九日
	中和节	二月初一日
	春龙节（龙节、龙抬头）	二月初二日
	闺女节	二月初二日
	花朝节（百花生日）	二月十五日
	寒食节（禁烟火节、冷节）	在清明前一日
	牛王节（洗牛节、牧童节）	四月初八日
	端午节（端阳节、重五节）	五月初五日
	荷花节	六月初四日
	姑姑节（回娘家节）	六月初六日
	天贶节（晒龙袍日）	六月初六日
	虫王节	六月初六日
	乞巧节（女儿节）	七月初七日
	中元节（盂兰盆节）	七月十五日
	中秋节（团圆节、赏月节）	八月十五日
	重阳节（敬老节）	九月初九日
	祭祖节	十月初一日

（续表）

民族	节日	日期
	下元节	十月十五日
	腊八节	十二月初八日
	祭灶节（送灶节）	十二月廿三日、廿四日
	扫尘节（扫尘日）	十二月廿四日
	除夕	十二月三十日（或廿九日）
壮族	敬蛙节	十二月三十日到正月初二
	歌圩节	正月十五日
	吃立节	正月底
	祭龙节	二月间选择1天
	陇瑞节	二、三月间选1天
	娅拜节	四月卯日（初四）
	牛王诞节	四月初八日
	牛魂节	五、六、七月初七
	祭田节	六月初六日
	达汪节	七月廿日
	祝寿节	九月初九日
	双喜节	十月初十日
藏族	藏历年	藏历正月初一日
	大法会	农历正月十五
	跑马节	农历三月择节日
	射箭节	农历四月间择日
	转山节（转山会、沐浴节）	农历四月初八日
	采花节、天马节	农历五月初五至初六日
	雪顿节（吃酸奶子日）	藏历六月底至七月初
	拉巴堆钦节（天降日）	藏历九月廿二日
	阶冬节	农历十一月廿九日
	跳神节	藏历十二月廿九日

在古代的节事活动中，传统节日庆典活动占有较大的位置。

以过新年为例，据文献资料记载，中国人过新年已有4000多年的历史，它是在虞舜时期兴起的。舜成为部落联盟首领后，带领部下祭拜天地。从此，人们就把这一天当作岁首，算是正月初一，据说，这就是农历新年的由来。

农历年的岁首（正月初一）称春节，俗称“过年”，它是我国传统民俗中最盛大、最热闹、最隆重的节日。在传统民间习俗中，差不多从农历十二月廿三日“送灶神”那天开始，一直到正月十五元宵节为止，都是春节的范围。岁前家家户户都要打扫卫生、掸灰尘，以期驱邪除秽，干干净净迎新年。除夕之夜，合家欢聚，一起吃年夜饭，一起守岁，叙旧话新，其乐融融，习惯称“团年”。岁后迎新纳福，张灯结彩，亲朋好友拜年，热闹非凡。节后半月又是元宵节，花灯满城，游人满街，盛况空前。各地有舞狮子、耍龙灯、演社火、逛花市、赏灯会等习俗。传统的娱乐活动一直到元宵节过后，春节才算结束（图1-8）。

图1-8　中国人过春节

在西方，过新年的传统要追溯到公元前2000多年的古巴比伦时期。那时，古巴比伦人就开始将每年春分后的第一个月定为新年，视为新的一年的开始。古巴比伦人对新年的庆祝至少要11天。到了罗马时代初期，古罗马人仍然继承了古巴比伦人的传统，在3月末庆祝新年。为了适应新的历法，罗马上院于公元前135年将1月1日定为新的一年的开始。

在西方的传统里，新年有许多庆祝活动，如“表决心”“玫瑰花车游行”“酒神的狂欢”等都是一直保留的习俗。

在古代节事活动中，始于希腊的古代奥运会是古代人类历史上规模最大、影响最为深远的活动。

据载，古代奥运会从公元前776年起，到公元394年止，经历了1168年，共举行了293届。古代奥运会在如此漫长的时间跨度中形成了较为完备的组织体系，有盛大的开幕式和闭幕式，在比赛日程、项目规则，授奖仪式以及圣火点燃等方面都有严格的规定。古代奥运会以祭神为主，内容丰富、形式多样，包括祭祀天神宙斯，朝拜、祝寿众神，诗人朗诵作品，演说家发表祝词，开展集市贸易等活动，体育竞技是作为其中的一项内容。

第二章
近代会展活动

第一节　欧美近代会展

一、近代欧美会展的发端

（一）近代欧洲会展的发端

据考证，早在710年，法国北部的圣丹尼省就举办了一个大型的展览会，参展商达700余家。到公元11世纪，德国的法兰克福已成为一个重要的城市，它于1240年获得当时皇室的批准，每年在法兰克福举办一届秋季国际博览会。

在中世纪，欧洲各交通要冲往往是欢庆宗教节日和举行集市贸易的聚会中心，既有商业交易，又有各种表演和娱乐活动，热闹非凡。如英国的羊毛贸易集市、法国的葡萄酒贸易集市，均非常有名。

从12—13世纪法国东北部香槟区的香槟集市，到15世纪莱比锡和许多其他欧洲国家的城市都相继成为著名的世界展览大城市。

（二）真正近代意义上的展会

1761年，英国皇家艺术学会在伦敦举办农业机械品博览会，集中展示工业革命时期英国的各类技术发明，包括微型风车、手纺车、脱粒机、苹果榨汁机等。不过这只是开了个头，英国并没有坚持定期举办这种展览。

真正近代意义上的展会实则起源于法国。1797年，为了展开与英国的商业竞争，法国首次在卢浮宫前院举办了以挂毯、地毯和陶瓷等为主要内容的工艺品展览会，为期4天的展览会取得很大成功，一批滞销的产品被推销了出去。第二年，法国在练兵广场搭建专门的建筑来举办第二届展览会，并规定展品只展不卖，使之初步具备了博览会的雏形。到1849年，法国共举办了10届国家工业展览会，规模一届比一届大，展览周期也越来越长，从几天到2个月再到6个月，成为展示国家商业、经济、军事和文化的重要舞台。

在法国第二次工业展览会期间，主办者为了吸引更多的观众，开始把过去集市所具有的喜庆、娱乐因素吸收到展览会中，将军队列操及彩球、烟火等搬到展览会场地，营造一种欢乐的气氛，使展览会开始以表演和娱乐来助兴。

（三）北美展览业的起源

对早期北美展览业的起源史，现在尚没有详细的记述。一般认为，北美展览会开始于18世纪，是直接从西欧传过来的，主要集中在早期殖民城市波士顿举办。

北美展览会起源于专业协会的年度会议。起初，展览只作为年会会议的一项辅助活动，而且只是一种信息发布和形象性展示，展览会的贸易成交和市场营销功能曾在很长一段时间里并不为企业所重视。这就是现在仍有许多美国展览会与专业协会年度会议合在一起同时举办的重要的原因。

据记载，1765年，美国第一个展览会在温索尔市诞生，而加拿大的第一个展览会则诞生于1792年，当时是由加拿大尼亚加拉联邦的一个农业组织发起和举办的。

二、近代欧洲节事活动的兴盛

在欧洲的几乎每一个国家中，公民都分为贵族、教士和平民3个等级。从16世纪到18世纪后半期，剧烈的政治动荡冲击着人们，尤其是平民百姓的生活方式。

在乡村，特别是信奉罗马天主教的国家里，以教堂为中心，人们周日到那里不仅仅是去做礼拜，也是为了进行社会交际。宗教提供了一个交往和摆脱日常工作的良机。礼拜日的许多时间会被用来进行参加各种活动，伴随着的是饮酒、跳舞和野餐。在城镇里，天主教徒组成组织，在法国、意大利、奥地利和荷兰称为公会（Confraternity），有一整套的仪式与传统。并且，许多通俗文化与宗教文化相连，逐步发展成具有特色的节事文化。狂欢节与收获节就是其中的代表。

狂欢节多见于地中海沿岸国家以及德意志和奥地利等国。表演和游行庆祝一个“颠倒过来的世界”，这一主题自中世纪晚期以来在欧洲各地普遍存在，由于各种各样心理方面的原因对平民尤其具有吸引力，但在很大程度上是作为对他们受到经济和社会压迫的社会进行象征性的报复的一种方式。在狂欢节上，受压迫者扮演压迫者的角色，统治者则被打扮成蠢人和小丑。在行进行列中，男人打扮得像个国王，光脚行进，农民则骑在马上或坐在马车上；穷人向富人施舍假钱。穷人和富人像在大型宗教节日那样在一起狂欢与庆祝。

在传统的欧洲大众文化中，狂欢节是庶民的庆典和真正属于他们的时刻，也是继复活节、五朔节、仲夏节、圣诞节、元旦和主显节之后最重要的民众节日。通常由彩车游行、各类竞赛、戏剧演出、焰火晚会和豪饮大醉构成狂欢图景，是西方民众再熟悉不过的民间文化。狂欢节只持续了从圣诞节到大斋节的这段时间。这年剩下的日子里有一半回味上次的狂欢节，另一半用来期望来年的狂欢节。

据考证，一年一度的收获节曾得到了教会的资助，也是越来越世俗化的从繁重体力劳动解脱出来的庆典。在收获节中，还经常穿插着盛宴、狂欢、竞技等活动。集市和环游马戏团把来自遥远地方的风情与文化带进了人们的生活。日常生活的单调、辛苦也因赛马、斗鸡和逗熊等活动而得到缓解。

尽管节事活动在近代早期的欧洲有世俗化和大众化的倾向，但是，作为一种传统，庆典等节事活动在欧洲历史与文化发展过程中越来越成为一股稳定的力量。

三、欧洲工业革命与贸易展览会的发展

（一）近代会展的崭新时代

18世纪60年代，工业革命在欧洲爆发。工业革命推动了欧洲经济的迅猛发展，也带来了会展业的发展与变革，在欧洲，开始出现大规模的工业博览会。工业博览会的兴起标志着近代会展进入了一个崭新的时代。

1798年，世界上第一个由政府组织的工业产品大众展在法国巴黎举行。这

次工业产品大众展在规模和时间上都上了一个台阶，因此被欧洲学者称为近代工业展会的开端。

1851年，英国伦敦举办了“万国工业博览会”（The Great Exhibition of the Industries of All Nations）。“万国工业博览会”标志着欧洲旧的集市贸易向工业革命时代标准的国际展览会和博览会过渡。西方展览界将其看作是第一个世界博览会。

图2–1　以展会闻名的莱比锡

1894年，在德国莱比锡举办了第一届国际工业样品展览会，这届展览会开展得很有特色，不仅规模宏大，吸引了大量的人员参加，而且开辟了一种展会订货的贸易形式。从此，展览业走上了市场化和规范化的道路（图2–1）。

在北美，1853年，美国纽约举办了世界展销会。遗憾的是，这次展会的财政亏损达30万美元，不过，它却证明了美国有能力举办世界性的博览会。

（二）贸易展览会的出现

欧洲的展览会是从中世纪的“周市”发展而来。周市（weekly marketplace）是指每周一次的集市贸易，如古罗马地鱼市、米市、油市等，都是专门为买卖双方的交易活动作为办展的宗旨，因而欧洲的展览会一直具有很强的贸易性。

而且对欧美展览会历史渊源的考察，还可使我们清楚地看到，欧洲展览会比北美展览会具有更强的贸易性。

在考察世界展览业发展的历史时，现代意义上的贸易展览会最早诞生在德国，因此，一般认为德国是世界贸易展览会的发源地。现代贸易展览会与传统庙会式展览会的一个重要的差别是，现代贸易展览会是以展出样品为主的展览会，开创了现代贸易展览会的先河。

由于北美展览会的贸易性不及欧洲，因此贸易展览会在欧洲企业开展市场营销和贸易促销中所发挥的作用大于其在北美所发挥的作用，从而导致欧美企业对展览会的重视和利用程度也存在较大的差异。

现代展览会起源于欧洲。其标志是现代贸易展览会和博览会的出现。

（三）贸易展览会的两个阶段

贸易展览会和博览会的发展过程大致可分为两个阶段：第一阶段是两次世界大战期间综合性贸易型展览会的发展；第二阶段是第二次世界大战后专业展览会的出现与成长。

第一次世界大战使许多国家的经济陷入困境，同时也破坏了此前的国际自由贸易环境，各国不得不寻求新的途径来促进本国经济的发展，综合性贸易展览会和博览会应运而生。

例如法国在1916年举办了第一届里昂国际博览会。这次博览会欢迎所有行业的企业参展，并欢迎盟国参展者，展场是按行业划分区域。第一届里昂国际博览会有1342个参展商，其中来自瑞士、意大利和英国的国外参展商为143个。1917年举办的第二届里昂国际博览会，有2169个参展商，其中国外参展商为424个。当时，尽管第一次世界大战仍在进行，但展览却获得了巨大的成功。第一次世界大战后，里昂于1919年举办了第三届国际博览会，这届博览会共有参展商4700个，其中国外参展商为1500个（图2-2）。

此后，综合性贸易型展览会的迅速发展，仅德国，从1919年到1924年，综合性贸易型展览会便从10个增加到112个。

最早的专业贸易展览会产生于德国。一般认为，第一个专业贸易展览会是1898年德国莱比锡自行车和汽车展。第二次世界大战后，德国分为德意志联邦共和国（联邦德国）与德意志民主共和国。专业贸易展览会在联邦德国得到了充分的发展，德国逐渐成为世界展览王国（主要是在原联邦德国地区），而在原东德莱比锡举办的莱比锡博览会则因为苏联和东欧国家的解体而失去作用。

专业贸易展览会由于其展览内容限定在一个或几个相关的行业，组展商通过特定的渠道进行宣传组织专业观众前来参观，已基本具备了参展商与观众的专业化这一现代会展的基本特性。

到了20世纪60年代，专业贸易展览会已发展为欧洲展览业的主导形式。

图2-2　法国第二大博览会中心里昂

第二节 国际展览联盟的成立

早在1885年，法国巴黎就成立了商讨展览会事宜的“行动委员会”。1895年，该委员会更名为“法国海外展览委员会”。委员会由企业家、诚信的展商、资深人士组成。他们以组织展会为本行，解决涉及经济利益和组织方面的难题。1903年在布鲁塞尔、1905年在意大利先后诞生了类似的委员会。1905年，在列日召开的首届国际商会大会将博览会的组织问题提了出来。1906年的米兰大会接着进行讨论，会议希望每个国家明确各自动用的资源结构，以便更好地协调经济界与政府展会促进之间的观点，并且希望建立常设的国际统筹机构。受此影响，德国、荷兰、匈牙利于1906年和1907年分别建立了组织委员会，瑞士、丹麦的组织委员会也在1908年成立。

1924年，国际商会在巴黎召开国际展览会议。在此基础上，国际展览会联盟于1925年在意大利米兰成立。它包括了当时所有重要的展览会组织者。联盟成立后，制定了一系列的规范展览业的政策、规定，用以维护展览业的健康发展。

一、世界展览业中最重要的国际性组织

国际展览联盟，原为法文“Union des Foires Internationales”，后改为英文“Union of International Fairs”，简称UFI（图2-3）。

在最初成立的时候，参加国际展览联盟的只是欧洲的20个展览公司，而且也不是这些公司的所有展览项目都能自然而然地成为国际展览联盟成员。所以，参加UFI实际是两种“概念”：一是成员单位，即展览公司；二是成员项目，即由国际展览联盟所认证的展览会。

第二次世界大战后，UFI总部从米兰移至巴黎。在国际贸易自由化的背景下，非欧洲国家的贸易展览也开始加入UFI的队伍。随着大规模生产的兴起，各种贸易部门的出现，专业展览也被邀请加入不断壮大的国际展览业协会组织。

图2-3 国际展览联盟标识

作为一个严格的非政治性国际组织，UFI是一个为来自东西方朝着共同的目标进发的展会组织者提供沟通的特殊场所。1975年，UFI发展到了有99个国家参与的成员组织。

1976年之后，在贸易全球化不断发展的框架下，UFI面临了新的挑战，那就是如何才能把发展一体化和工业化国家带入贸易公平经济。为了发展UFI成员和展会代表之间的合作协议已作出了重大努力。1991年，国际展览联盟成员发展到153个，其中欧洲有110个，亚洲有21个，南美有9个，北美有5个，非洲有1个，澳大利亚有7个。国际展览联盟已成功地汇集了来自五大洲的展会组织方，可以真正称得上是一个全球性组织（图2-4）。

随着时间的推移，国际展览联盟逐渐发生了一些变化。先是成员的地域扩大到欧洲以外；接着，主办单位内的类别突破了展览公司的限制，即展览公司以外举办展览会的单位（譬如协会、学会、其他类型的公司等）也可以加入。现在，国际展览联盟的成员范围再次扩大，只要是与展览业相关的单位，诸如展览馆、贸易协会、展览服务机构、展览媒体等都能申请加入。不过至今国际展览联盟80％的活动还是集中在展览会举办行业。国际展览联盟的法人代表为主席。日常事务由秘书长负责处理，日常运行主要靠会员缴纳的会费。

迄今为止，国际展览联盟还拥有40多个协作会员，以各国的全国性会

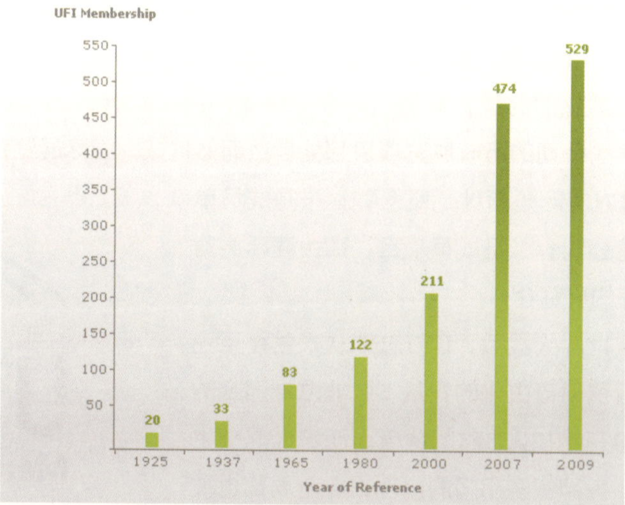

图2-4　UFI成员增长图

展行业协会为主。如德国的AUMA（德国经济展览和博览会委员会，the Association of the German Trade Fair Industry）和FKM（德国展览会统计数据审计社，Gesellschaft zur Freiwilligen Kontrolle von Messe-und Ausstellungszahlen）、美国的IAEM（国际展览管理协会，International Association for Exhibition Management）、中国的展览馆协会和深圳市会展业协会等。

在2003年10月20日开罗第70届会员大会上，国际展览联盟进一步将名称进行了修改，从原来的“国际展览联盟”更名为“国际展览业协会”（The Global Association of the Exhibition Industry），但其简称仍沿用UFI。国际展览联盟是迄今为止世界展览业最重要的国际性组织。

二、国际展览联盟的核心任务与职能

作为一个权威组织，UFI的主要任务是促进和支持它的成员及其会展产业走向国际化，为会展业专业人士提供一个有效的相互交流理念和经验的平台，为它的成员解决地区分会和各工作组之间的共同利益问题等。

近年来，有越来越多的非欧洲地区展览公司及机构申请加入国际展览联盟，但如今来自欧洲的会员仍占总会员数的70%，已获国际展览联盟认可的展会有80%是在欧洲境内举办的。获国际展览联盟认证展会最多的8个国家除中国外全部是欧洲国家，这8个国家被国际展览联盟认可的展会数占世界展会总数的2/3。

不过，拥有全球较大规模的美国展览界至今还没有一个展会与国际展览联盟发生联系。显然，这在一定程度上淡化了国际展览联盟的国际性色彩。

UFI会员每年举办4000多个国际、国内及地区性展览会或贸易博览会，总展出面积超过5000万平方米，参加这些展会的参展商超过100万，观众人数超过1.5亿。当前国际展览联盟成员所拥有的展览中心可供出租的展览面积高达1200万平方米以上。

对国际性展会进行权威认证是国际展览联盟的核心任务。经UFI认可的展会是高品质贸易展览会的标志。展览会举办公司只有在其举办的展会至少有一个被国际展览联盟认可后才有可能被接受为正式会员。一个展会要想获得认证，其服务、质量、知名度皆要求达到一定的标准。国际展览联盟对申请加入的展览会的规模、办展历史、国外参展商比例、国外观众的比例等都有极严格的要求。

国际展览联盟规定的注册标准为：作为国际性展会至少已连续举办3次以上，至少要有2万平方米的展出面积，20％的国外参展商，4％的海外观众。

知识链接

UFI认证步骤

准备申请成为UFI会员的机构或者展会主办者，必须尽早向UFI提出申请，UFI首先备案。如果申请UFI将其纳入当年工作日程，那么理论上最迟在前一年的年底前便要向UFI秘书处提交所有正式申请文件。申请被受理后，UFI下设的指导委员会将委派一名或者多名代表前往展会实地考察、实地核查所提交材料的情况，然后出具审核报告。相关的所有费用由申请人承担。审核报告由指导委员会先行审核，审核通过后向UFI大会提交认可提议。

UFI每年会举办一次全体会员大会，其中一项议程即为审核由指导委员会提交的认可提议，如果会员出席或代表出席人数有2/3多数票支持通过认可提议，则可授予其UFI展会。通过UFI认证的要求主要包括：

（1）必须获得展览会所在国家有关部门的认可，认可其为国际展会。

（2）直接或间接外国参展商数量不少于总数量的20%。

（3）直接或间接外国参展商的展出净面积比例不少于总展出净面积的20%。

（4）外国观众数量不少于总观众数量的4%。

（5）展会主办者必须可以提供专业的软硬件服务，展场必须是适当的永久性设施。

（6）所有相关申请表格、广告材料及目录必须尽可能使用广泛的外文，包括英语、法语、德语等。

（7）在展会举行期间不允许进行任何非商业性活动。

（8）参展商必须是生产商、独家代理商或者批发商，其他类的商人不允许参展。

(9）严格禁止现场销售展品或者现场买卖。

（10）展会定期举办，展期不超过两周。

（11）申请认可时展会最少定期举办过三届。

虽然展览会加入UFI有严格的准入标准，其国际性是最重要的一条，但像中国、俄罗斯这样国土面积很大的国家，往往一个省的面积就抵得上欧美一个国家，本身市场已经够大了，所以国际性的标准也相对低一些。但展览必须包括本国的多个省区。

国际展览联盟的宗旨是代表展览会、博览会组织者的利益，维护展览会、博览会的质量标准，规范展览组织者的市场行为。其主要的职能包括：授予综合性和专业性贸易博览会以“国际”资格；采取一切必要措施协助会员在发展的世界经济中更加有效地开展活动；对国际贸易博览会所共同关心的问题开展国际范围的研究；代表会员参加相应的其他国际组织；保护会员利益，并为此采取一切必要措施使有关国家的政府当局注意并同意这一点；在互相尊重对方利益的基础上，通过有关会员之间的对话，尽可能地协调本联盟认可的博览会的日程安排；根据有关方面的要求成立仲裁委员会，解决会员之间的纠纷；努力寻求并使用一切合适的方法加强国际博览会联盟的国际地位，并为此目的开展宣传和信息工作；为维护会员利益，对一切阻挠自由参加国际贸易博览会的不公平行为采取一切其他必要的行动；采取一切措施限制国际贸易博览会激增的趋势，即通过干预各国负责机构，使这些机构授予符合贸易博览会和展览会的国际资格；向贸易博览会组织者，尤其是发展中国家的组织者提供技术帮助。

三、国际展览联盟对其会员有关统计的标准及定义

UFI内部章程指定了其会员在统计及审查有关数字的标准和定义。

（一）展览面积的计算标准

对于一个展览会的组织者，需提供和接受审计的“整个展览净面积”，包括整个展览面积，即括展商所用室内和室外面积，这也被称为“合同面积”，包括付款和非付款的面积，也包括与展览专业直接有关的特殊展出。

当提及展览面积时，必须申明“展出总面积（净）”或“展出总面积

（毛）”。

（二）展商数量统计标准

根据UFI的标准，只有直接参展商或UFI批准的会员才能列入统计数字。

1. 直接参展商

直接参展商如主体参展商或联合参展商。联合参展商是指那些在主体展览商参加展出的组织或公司有其自己的公司职员、产品或服务参加展出。此类参展商必须通过几种不同的方式表明，如通过全体参展商的参展报名表或相关的联合机构，或通过展览会的目录等。

如果是集体参加展出，由集体参展的组织者来租赁场地、交纳馆租。集体租赁的场地有若干个参展者共同使用，但分别有他们自己的名称，展出自己的产品及其自己的职员提供相关的服务。

如果不能达到上述要求，此类参展者只能被称为非直接参展商而不能称为直接参展商。

2. 非直接参展商

被代表的公司没有其雇员直接参展，其展品或服务在主体参展商及联合展商的展台上展出。这类公司将不列入参展商的数字统计中。

为了避免混乱，必须声明参展商的所属类别。

（三）参展商的国别

参展商的国别由参展公司或组织与组织者的联系地址来决定。如果参展商所代表的国别地址不清楚，组织者可根据展商自认的国别来定，展览组织者不能随意决定。

（四）观众数量和观众人次的统计标准

统计观众数量的意图是为参展商提供展会期间有多少潜在的客户。

1. 时间段的观众统计

时间段的观众统计即在开幕式的时段里的观众数。

2. 进入展场的人数

进入展场的人数指在展览正式展出时前来参观展览的观众。

3. 观众人次

参观展览的观众总数等于前来参观展览的总人数，观众入场的次数等于参观展览的总人数。观众总人次不能作为报给UFI的观众数。

4. 有效参观

在展览展出期间，任何人包括来参观展览会的嘉宾、携带入场证的展商或组织者及专业观众的代表，均可包括在观众统计数字内：在现场购买或取得入场券；在展前购买或取得入场券并前来参观展览的；携请帖或优惠票前来参观的；携长期有效票前来参观的；新闻记者。每个人每天只能算一次参观有效。

不计入观众人数的情况包括：展馆的雇员及组展单位的人员；服务提供商的人员；参展商和参展组织的雇员；展会期间会议的演讲人。

5. 观众

观众是前来参观展览的人员，不管其来展会多少次，只能被计入参观人数。

6. 多次参观

在第一次参观展览后，以后的重复参观应有限地计入观众人数，一天只能被计入一次。

7. 观众总人次

参观总数即观众总数，包括全部的可计入的重复次数。观众总人次包括国内及国际观众数。

国别应根据观众的常驻地，在观众登记表注明国外的地址。外国或国际观众应是居住在展览举办国以外的地方。

没有条件进行观众登记，展览组织者应得到UFI授权同意，进行抽样调查，统计出海外观众的比例。调查应由市场调研公司或独立的审计公司来进行并证明。证明书须说明抽样调查的方法。

综合性对公众开放的展览，可同意只有外国专业观众被计入整个专业观众的数量，外国观众最好通过登记系统来统计。审计证书须与计数方法相一致。

第三节　新中国成立以前的中国会展

一、辛亥革命之前的展会情况

早在1891年，孙中山在《农功》一文中就指出：“各省设农艺博览会一所，集各方之物产，考农时与化学诸家，详察地利，各随土性，分种所宜。每岁收成，自百谷而外，花木果蔬，以至牛羊畜牧，胥入会，考察优劣，择尤异者奖以银币，用旌其能。”这段话强调了博览会是各省农业界每年总结评比、表彰先进的场所；是互相交流、互相学习的场所；也是宣传、推广农业新科技的一种重要形式。所以他说“良法不可不行”。

到了1894年，孙中山在《上李鸿章书》里进一步把博览会作为学习、推广西方农业科技知识的一项重要手段，他说：“每省设农艺博览会一所，与学堂相表里，广集各方之物产，时与老农互相考证。”1895年，他又在《拟创立农学会书》中将“开设博览会，出重赏以利农民”列为农学会的一项重要任务。

19世纪末20世纪初，清朝政府开始推行“新政”，直隶总督袁世凯不甘人后，为真正促进天津民族工业的发展，全面了解世界科技发展的状况，袁世凯选派周学熙等道、府官员，率近60人的考察团参加了在大阪举办的日本劝业博览会。考察期间，周学熙仔细参观了大阪商品陈列所，虚心学习了日本博览会业相关知识和经验。回国后，在周学熙等的支持下，清政府于1903年率先在天津设立直隶工艺总局，并委任周学熙为第一任总办。

这一时期，湖北仿效设置，在武汉地区前后共设7个之多，对工商业发展产生了积极作用。之后，天津、成都、广州、大连、南京等地纷纷设立商品陈列所，举办商品赛会。其中的武汉劝业奖进会被称为中国近代最有声色的地方性商品赛会。

1904年8月1日，直隶工艺总局下属的考工厂（劝工陈列所前身）宣告成立，其开展的主要活动是举办各项展览会，以开启民智，劝办实业。

1905年，清朝政府在北京设立劝工陈列所，也称物品展览会，用以展示国货。并且，由当时的商部颁布了《出洋赛会同行简章》，法令条款共20条，对中国商人出国参展作出了一系列规定，同时也鼓励各地商人踊跃参展，这是中国第一部关于出国参展的管理条例。

据史料记载，1906年8月20日，直隶工艺总局在实业工场内召开第一次纵览会，盛况空前，“四方工学绅商纷纷前往，致使该场每日应接不暇，民间尤以未能入览为憾”。

1906年11月22日，第一次劝工展览会在河北公园（今天津河北区中山公园）内开幕。展览会“观者甚众，购票入览者日千数百人、二千余人不等”，累计参观人数达15万之多。当时的展品涉及农产、林产、水产、机织印染、工艺美术、文教用品、矿产五金、机器制造等方面，尤以瓷器、丝绸、茶叶、景泰蓝等传统产品和手工艺制品为主。

1907年，中国最早商品展览馆之一的天津“考工厂”，迁入河北大经路（今天津河北区中山公园）。后多次对国产工商品评奖，并对优等产品呈准授予专利权。

因展览业务不断增加，考工厂后被更名为劝工陈列所，主要宗旨仍是通过举办展览开启民智、“劝工”“劝业”。这是我国近代史上第一座商品展览馆。其成立后“招工仿制物品，抵制洋货，聚集百货，纵人游览”，既发挥了积极的“劝工”作用，也已初具新式商品展览馆的规模，有力地推动了直隶近代化的进程。由于参展商品日渐丰富，不敷陈列，参观者逐年递增，劝工陈列所在河北大经路（今中山公园内）新建了一处场所，名为天津劝业会场。

1907年5月，天津劝业会场竣工。1907年6月1日，劝工陈列所在劝业会场举行盛大的开幕式，正式迁入新址。

1909年11月，直隶劝工陈列所举办了为期一个月的南洋劝业会直隶出口展览会，期间吸引了40余万人入场参观，规模之宏大，盛于一时。会上选出合格参赛品12000余件，而后又从中筛选出精品57件，置于劝工陈列所内，供观赏、学习之用。由于准备充分，直隶省最终在南洋劝业会上取得了突出的成绩，与会人员认为直隶省参展货品“工艺殊有擅胜处，江苏不及也”，特别是在机械与新式纺织品两方面具备相当优势。

1910年6月5日，由政府和商界合办的、以模仿西方博览会的形式举办的“南洋劝业会”在南京隆重开幕。

南洋劝业会主会场设在丁家桥、三牌楼一带，占地700余亩。陈列展品数百万件。东三省、直隶、山陕、湖北、湖南、四川、河南、云贵、山东、浙江、福建等省设有陈列馆；而以东道主所在地的两江馆为最大，设有工艺、农业、机械、通运、教育、卫生、美术、武备等分馆。专门馆则有湖南的瓷业、博山的玻璃、南京的江宁缎业3个实业馆；上海的江南制造局兰锜馆、广东的教育出品馆、江浙渔业公司水产馆等特别馆；华侨参展的暨南馆；陈列外国商品的参考馆。展品多为轻工、农副、工艺、美术等产品。

展会场内外附设了剧场、马戏场、动植物园等娱乐、益智场所，并新建旅馆、店铺200多家。会场外铺设轻轨小铁路，小火车每节车厢可容纳二三十人，每小时发车环行会场一周。还特地出版了《金陵杂志》一书，封面上印有“宣统二年南洋劝业会第一次开幕印”。

1910年在南京举办的“南洋劝业会”是中国首次全国性博览会，除格外注重展馆布置、展品陈列外，对休闲娱乐设施和各种助兴节目也予以了充分的考虑。

据相关记载，南洋劝业会的主要娱乐设施有：

（1）轻便铁道。会场周围修筑一小铁道，“曰轻便铁道。购制小火车数辆，整理清洁，以便游人乘坐，观会场全景之盛况”。

（2）水中游戏。会场内水景甚多，水族馆前有一大池塘，周长约三里，上用水泥建桥一座，曰“劝业桥”。“桥半有亭，陈列各种水泥模型，均系湖北水泥公司出品。塘内备有西式小艇，任客驾游，能穿桥洞出入，以为游水之戏”。

（3）马戏场。位于会场最北面，“场内面积能容三千人。内有骏马十余匹，西洋男女数人，合演跳舞，骑马如飞，马亦能解人语，动与音乐合节，足娱观听”。

（4）跑马场。设在马戏场后面，周长六七里，“樊以竹篱，中有高亭，可以望远，专为军商学各界赛马而设”。

（5）球场及体操运动场。附设在跑马场内，“蹋球、网球无一不备，体操器械及运动场之设备亦甚完全”。

（6）电景（影）馆。设于场北马路旁，系由南洋群岛华侨建造，“专演工艺制造等景片，最炫新奇，可为研究实业之资料”。

（7）大观园。在场外劝业路旁，系由商家租房屋而建，“电演景片，亦甚新奇”。

（8）嬉笑室。位于会场西南工艺馆侧面，“内有镜面，依光学制造，人对镜立，偶尔行动，形态百变，自顾不知谁何，不觉大笑，故曰嬉笑室”。

（9）照相室。设会场南边，系由南洋劝业会招募杭州照相公司为拍摄会场全景照片而设，“该公司照片甚佳，来宾游览有暇，拍照小影，以为纪念，最为便宜”。

（10）音乐会。“由深明音乐诸君组织协会，每逢星期二、四、六日在会场公议厅演奏音乐。”

在展览中，以南京著名学者李瑞清为首的南洋劝业会研究会组织了700余名专家对展品的质量进行了鉴定，在440类、近百万件展品中评出一等奖66个、二等奖214个……共有3345件展品获奖。展会规模宏大，引起很大反响。

据载，南洋劝业会吸引了近30万观摩者，总成交额数千万两银元，对中国近代工业的发展起到了积极作用。来自美国、日本等国考察团对劝业会给予了肯定和赞赏。劝业会更使当时追求近代文明的中国人大开眼界。浙江绍兴中学学堂学监兼博物教员鲁迅率全校200多名师生赶来观摩。一位在劝业会江西馆工作的绍兴同乡、鲁迅的老朋友赠给师生们每人一只特制细瓷茶杯，杯上刻写“南洋劝业会纪念，徐季龙赠”。当时的报界高度评价劝业会：“全国之大钟表也，商人之大实业学校也，产品之大广告场也，输送本国货以向外国之轮船、铁道也”；“一日观会，胜于十年就学”。

南洋劝业会持续了近6个月，于1910年11月29日闭幕。当时的《申报》发表评论说：

> 按“劝业”二字之义，在劝全国人民注意于实业也。此于从事实业者，实有无穷之益，而于一国实业之发达兴否，亦有密切之关系者也。此次南洋劝业会为前此未有之创举，其间得失利弊极应博考详究，以资后日续举之借鉴。

曾任南洋劝业会事务所帮办的向瑞琨在1914年接受《中国实业杂志社》采访时也说过：“南京之南洋劝业会以后，电灯、电话、旅馆、宁省铁路、沪宁铁路等，亦较前发达。因该会而教育与实业发生之团体，至今尚存。其影响所及，非当时所能预料也。”

在历史上，南洋劝业会不仅起到了“开一时之风气，策异日之富强”的作用，而且大大加强了南洋华侨与祖国的联系。南洋劝业会单独设立暨南馆，陈列南洋华侨出品。这一举措的实施，顺应了广大爱国华侨的要求，取得了明显的效果。劝业会开办之后，侨民纷纷回国，有的参观游览，有的兴办实业。影响直接波及东南亚，一直以来无领事的爪哇在劝业会后也开始设立领事。

二、民国成立后到1929年西湖博览会

（一）天津劝工陈列所

民国成立之后，天津劝工陈列所在各方的关注下继续稳步向前发展。

1913年，直隶劝工陈列所改组为直隶商品陈列所，由严智怡主持工作。上任伊始，严智怡着手进行改革，撤换陈旧的展览商品，代之为全省最新出产的产品。

1914年4月，在东京举办的大正博览会上，直隶商品陈列所携数百件来自全省各地的商品参展，取得了优异的成绩，受到了大会的特别表彰。

1913年张謇出任农商总长后，规定由商品陈列所“管理陈列国内商品，以供公众观览参考”。劝工陈列所更名为直隶商品陈列所后，组织调查员分赴各地调查河北物产，出版《直隶实业杂志》。1928年后，该所又更名为河北省国货陈列所。

民国初期，随着民族经济的发展，国货展览会一度纳入了国民政府的行政计划之中，成为了上自政府、下至民间、政工商学农等共同参与的一项社会运动（表2-1）。

表2-1　近代中国国货展会统计表（1914—1915年）

编号	名称	地点	时间	主办单位	资料来源
1	上海物产会	上海	1914年5月6日至18日	巴拿马赛会江苏省出品协会上海分会	《申报》，1914年5月6日至14、18、19日，各第10版
2	江苏巴拿马赛会出品展览会	上海小南门陆家浜图书公司旧址	1914年6月1日至30日	江苏省巴拿马赛会出品协会	《申报》，1914年5月15日至6月25日、6月30日，各第10版
3	山东出品展览会	山东（具体地点不详）	1914年6月15日开幕	巴拿马赛会山东省出品协会	《申报》，1914年6月12日，第1版
4	云南出品展览会	云南（具体地点不详）	1914年6月6日开幕	巴拿马赛会云南省出品协会	《申报》，1914年6月28日，第8版

（续表）

编号	名称	地点	时间	主办单位	资料来源
5	浙江省出品展览会	浙江（具体地点不详）	1914年6月25日开幕	巴拿马赛会浙江省出品协会	《申报》，1914年6月27日，第7版
6	湖南省出品展览会	湖南（具体地点不详）	1914年7月1日开幕	巴拿马赛会湖南省出品协会	《申报》，1914年7月8日，第6版
7	四川省出品展览会	四川省成都商品陈列馆	1914年7月初开幕	巴拿马赛会四川省出品协会	《申报》，1914年8月3日
8	尚贤堂顾绣展览会	上海法租界尚贤堂	1914年10月29日开幕	尚贤堂中外女士联合会、苏州武陵女塾	《申报》，1914年10月31日
9	江苏第一次地方物品展览会	上海南门外江苏省第一商品陈列所	1915年5月16日至31日	江苏省政府	《申报》，1915年5月15、17、22、27日，各第10版
10	全国国货展览会	农商部商品陈列所	1915年10月1日至20日	农商部	《申报》，1915年7月14至28日，第10版

（二）1929年西湖博览会

1929年6月6日，为了纪念北伐胜利，“争促物产之改良，谋实业之发达”，浙江省在杭州市举办首届西湖博览会。

据记载，1929年西湖博览会配备了许多娱乐设施，如中山公园、跳舞厅、国乐社、电影场、百艺场、京剧场、跑驴场、迷魂阵等。其中跳舞厅“在盛泽绸部西首，坐北面南，每晚六时开幕。在北山路另辟大门，门票每人五角，入晚琴声悠扬”。有人写下了声情并茂的观感：“入其中恍似置身瑶宫，贝阙座位作周圆形，上有乐台，中陷若池，池板髹漆，滑似湖冰。四周设电灯，影光上射，为境至趣……罗致粤沪精娴舞术之舞女十余人，从事歌舞，并聘著名乐师，辅以音乐，乐声琤琮，脚跟咭咯，衣香鬓影，至足宜人，即作壁上观者，亦觉陶然心醉。”体育竞赛也被引入博览会中，称“锦标游艺比赛”，有乒乓、登高、男女自行车、象棋、围棋等六项赛事（图2-5）。

图2-5　1929年西湖博览会明信片

为了营造热烈气氛，西湖博览会还专门组织了各种水陆游行、提灯游行和飞行表演等。各省、各公司组织的“宣传日”活动，除正式的开会仪式、演讲外，一般都安排有助兴和吸引观众的娱乐活动，如江苏省宣传日安排的娱乐活动，日场有国乐、国术、歌剧、歌舞、军乐、魔术、京剧等表演，夜场则有电影专场放映。上海市特别宣传日，日间安排有剑术、国技、双簧、扑蝶舞、独角戏等表演，夜间也是安排电影放映专场。

西湖博览会于1929年10月20日闭幕，历时137天。西湖博览会开中国博览会之先河，馆、所、处设在里西湖四周，面积约为5平方公里，参观人数2000多万，来自全国各省及海外侨商的1476万件物品参展，评出各等奖项3000余个，轰动浙江和全国，在国际上也产生了影响，对于发展民族工商业起到了里程碑式的作用，展示了当时中国的经济文化所达到的高度。西湖国际博览会是中国近代史上民族工业和文化振兴的盛会，它意味着中国民族工业清醒地审视和自觉地激励自己，也标志着浙江经济开始走向广阔的世界舞台。

三、抗战时期的展会

据不完全统计，从1937年到1949年陕甘宁边区共办过193个各种展览会。这些革命战争年代的展览会，呈现出当年政治、经济、社会、文化、民俗丰富的风貌。

（一）边区举办第一次展览会

1938年1月1日至3日，延安市工会和工人合作社举办了延安工人制造品竞赛展览会。这是陕甘宁边区举办展览会的第一次尝试。为了办好展览会，毛泽东等人捐款捐物赞助。展览会展示的工业品有迫击炮、高射机关枪、手榴弹；有延长炼油厂的原油，自产的油墨、汽油；有定边盐场生产的盐；有矿场产的石炭、木炭、石灰；有妇女学习商店女工织的布、手巾、裹腿；有工人合作社鞋厂生产的鞋子；还有铁器、木器、铜器、瓷器以及衣服和糖果等，展品共有115种，420件。闭幕时，毛泽东到会讲话，把奖品发给优胜者。参加这次展览会的人数，仅据签名的统计为3527人。展览会结束后，组委会给获奖单位和个人发了奖。

（二）工展会展出“第一支步枪”

1939年，由中共中央提议、陕甘宁边区政府建设厅等机关共同筹备举办了一次陕甘宁边区规模最大的工业展览会，受到延安各界群众的热烈欢迎。

5月1日下午，展览会开幕典礼隆重举行。毛泽东亲自来到会场，饶有兴趣地参观了工业展品。参展产品在当时的边区颇显琳琅满目，五光十色，有近千种，2460余件，分为原料、成品、机械、模型等几个部分。边区机器厂（茶坊兵工厂）还有“工人生活一瞥”等照片和墙报，展现了全边区的工业建设新面貌。

这次展览会还展示了延安的军事工业。面对陕甘宁边区被封锁的形势和前线的迫切需要，军工局全体同志自力更生，艰苦奋斗，没有技术工人就设法召集了一批造枪工人；缺少原料就用铁路上的道轨代替；没有铜就号召前线战士收集废子弹壳，运到后方再装上子弹头，被称为复装子弹。经过大家齐心协力，终于在1939年4月25日，生产出陕甘宁边区第一支七九步枪，这也是我军军工史上自己制造的第一支步枪。它是由刘贵福和孙云龙等人设计制造的。新枪尚未命名，展览会因其短小，就标了个“无名式马步枪”。

这次工业展览会的目的是促进边区的工业建设，对我军建设初步的国防工业起了重大作用。从此，我国有了劳动英雄的称号，刘贵福是第一批劳动英雄的代表。1939年10月，刘贵福进一步改进无名氏马步枪，试制出一种新枪，定名为“新七九”步枪。

（三）农展会展示大生产成果

1939年1月25日，边区政府在延安南关举办了陕甘宁边区首届农产品竞赛展览会。这次展览会历时半个月，是边区第一次举办的农业展览会。展览共分边区概况、农作物、果类、畜牧、药材、狩猎与林业6个展室，展品2000多件。第一天观众就在8000人以上，以后平均每天5000人左右。

1940年1月16日，边区政府在延安南关新市沟举办了陕甘宁边区第二届农工展览会，中共中央领导人毛泽东、王明、吴玉章、林伯渠等参加了开幕式并讲话。第二届农工展览会历时18天，于2月2日结束，其中的农业是这次展览最丰富的部门。展览显示，边区种植面积呈上升趋势，1936年耕地面积只有818.630万亩，到1939年扩大到1004.019万亩，1939年开荒数字达180.197万亩。十几个重达30多斤的大南瓜，引起了群众的浓厚兴趣，还有洋芋、白菜、萝卜等边区人民的主要菜食。其他如番茄、木耳、金针菇、发菜等也有展出，南方的丝瓜、莴苣以及美国玉米等都已试验成功。

1943年，边区军民把大生产运动又推进到一个新阶段。为检阅大生产运动的丰硕成果，表彰涌现出来的劳动英雄，11月26日至12月16日，边区政府在延安同时举行了第三届生产展览会和第一届劳动英雄代表大会。26日下午，两个盛会在3万群众欢欣鼓舞的气氛中隆重开幕。毛泽东、陈云、林伯渠等参观了展会。

生产展览会有近百个展室，6600件展品，近2000张图表和照片，生动地显示了边区军民的聪明才智和丰富的创造力，是边区“丰衣足食”的缩影。延安百姓非常踊跃，参观者达5万余人。在开幕式当天，从附近30里外乡村赶来的农民有千余人。

中共中央对边区“两大盛会”非常重视。11月29日，党中央把全体劳模请到杨家岭中央大礼堂，毛泽东、朱德、刘少奇、周恩来等一起接见并宴请了劳模。

（四）独具特色的专题展览

针对边区的特殊情况，有关部门还举办过科普等各种专题展览，其中以卫生展览会尤受群众欢迎。

1940年3月8日，妇女生活展览会在延安举行，参观者的队伍排成了长龙。据统计，在展览会开幕当天，到会的便有6000多名观众，农村妇女尤其多。在第二展览室里，挂着8幅生理解剖图和13幅生理图表，对妇女的生理受孕过程进行了详细说明。

1941年7月，延安医科大学举办卫生展览会，第一天便吸引了1800名观众。该展览会布置有组织胎生室、解剖室、生理室、皮肤花柳室、药物室、医大文献室等，共展出挂图302幅、模型119件、标本168件、生药标本200多件。特别是尸体、生药、自制牛痘疫苗、血清、切片机等，给观众留下了深刻的印象。

1944年七八月间举行的边区卫生展览会，参观者多达万人。周恩来、李富春、徐特立等领导同志参观了展览，其中防疫和妇婴卫生部分的展览最受欢迎。在防疫卫生部分，通过图表和连环画告诉参观者：虱子造成了出水病和出斑病，苍蝇造成了伤寒和痢疾，同时告诉人们如何消灭它们。在妇婴卫生部分，用图表、实物说明从怀孕、生产到婴儿长大的全套知识。

此外，延安举办过的专题展览还有画展、木刻展、美术展、报纸展、织物展、儿童节展等，丰富了延安军民的文化生活。其中，1941年2～3月举行的全国报纸杂志展览会盛况空前，观众共达2万多人。几百名参观者留言要求延展，后来展览会决定延长7天，原定于3月2日闭幕，但仍然无法满足观众的强烈要求，又延长了3天。

在革命战争年代，陕甘宁边区的这些展览会，对发展边区的经济建设与科学技术，提高人民的科学文化水平，起到了巨大的促进作用。

（五）抗战期间重庆举办的展览会

从1938年底至1941年底，是抗战后方工矿企业迅速扩展的时期。国民政府通过独资经营，与四川、云南等地方实力派合营、参与投资而不主办等形式，在西南、西北等抗战后方建起了大批工矿企业，从而增强了中国坚持抗战的实力。

1942年，迁川工厂出品展览会在重庆举办。钢铁、机械、纺织、皮革、五金、化学、烟草、玻璃等行业的200多家因为抗战而内迁的中国企业参展。观众达到12万人次/月。

为了宣传抗战以来后方工业建设的成就，增强国人对抗战胜利的信心，促进世界各国在战后与中国进行经济技术合作，国民政府主管工业的部门于1944年2月在重庆举办了一个颇具规模的工矿产品展览会。

重庆工矿产品展览会分资源馆、煤馆、石油馆、钢铁馆、非铁金属馆、特种矿产馆、化工馆、电器馆、电力馆、机械馆等共计10个分馆。展品均为后方工矿企业生产的，展览配以模型和图表照片。

这次展览在重庆引起很大反响。蒋介石亲临参观，并提出要延长展览时间，要求重庆大中小学学生均有参观机会。

四、新中国成立前夕的展览会

1948年11月25日，关东农业生产劳模与农展大会在大连开幕。展览会设在大连县政府二、三楼，二楼第一部分是总展室，共有4个室，展示内容包括关东农业鸟瞰、1949—1950生产计划缩影、农作技术、积肥制肥和农村文化教育。第二部分是大连县展室，也有4个室，即丰收室、劳模室、政绩室和计划室。三楼是旅顺和金县的展室。

关东农业展览会11月25日开幕至12月22日闭幕，历时27天，参观人数9.2万多人次，平均每天有3290人次前来参观。农民参观农展格外踊跃，仅金县、大连县、旅顺的农民观众就达33500多人次。

关东农业展览会的圆满成功，彰显出广大农民跟着党和民主政府走，发展农业生产力的巨大热情，也为大连工业展览会的举办进行了“热身”，积累了经验。

1949年9月18日，大连工业展览会开幕典礼在工展剧场举行，500多位各界代表到会热烈祝贺工展开幕。

大连工业展览会开展期间，正逢新政协召开和新中国开国大典，广大观众喜出望外，展场内外欢欣鼓舞。报道人民政协开幕消息的旅大《人民日报》的号外张贴在各个展馆的门口，展馆扩音器不断播送着毛泽东在中国人民政协会议上的开幕词，传送新中国即将诞生喜讯的花车在工展门前吸引了无数群众。

知识链接

1949年大连工业展览会的展区划分

1949年的大连工业展览会共设17个展区，组织数百件机械和模型、数千件展品参展，既充分体现大连地区的工业传统优势，又突出表现大连地区解放三年多来发展经济、支援全国的时代特征。17个展区包括：

一、铁路交通馆

展示铁路、交通成就。由中长铁路铁道工厂、信号工厂等单位承担布展任务，新建展馆面积506平方米。

铁路交通馆是大连工展第一馆，入口处一幅东北铁路立体示意图分外醒目，馆外的5吨和3吨的稳车、15吨的吊车，十分引人注目。馆内陈列有1948年开始研制的30吨冷钢车轮，这是当时只有上海和大连两地才能生产的新产品。精密空气压缩机、送油机、三路风门、制动筒、联络器等都有展示。小轻油火车和火车转台，格外吸引参观者眼球。

二、机械馆

展示各种机器及精密机械。主要由广和机械工厂、建新公司、大连机械工厂、大连钢铁工厂、大连制锻工厂、远东电气机械工厂等单位承担布展任务，新建展馆面积1056平方米。

机械工业是重工业的心脏。广和机械新造的两台6尺车床，放在机械馆的门口正中位置，旁边墙上的图表则清楚标明，这样尺寸的车床，1949年要生产出100台，1950年要生产出300台。设计制造200吨水压机的大连机械工厂，为我军第一次生产后膛炮弹建立了卓越功勋。磨床、钻眼床、刨床、铣床等，展现出大连工人阶级的智慧。钢铁工厂制造的不锈钢、特殊钢、高速工具钢、碳素钢、发条钢，应有尽有，特别是硬质合金钢，让许多参观者赞叹不已。锅炉工厂则把自己生产的立式、卧式锅炉搬到了展场。

三、建设器材馆

展示建设器材、制材等工业建设器材及矿山工业。主要由董家沟煤矿、石棉矿、远东电业玻璃工厂、建新公司钢铁工厂、远东电业耐火砖工厂、远东电业洋灰工厂、南关岭石灰工厂、实业公司制材厂等单位承担布展任务，新建展馆面积506平方米。

四、造船馆

展示各种船只之模型、造船过程和修船过程，主要由大连船渠、关东造船公司、海员合作社修船厂、新华造船厂等单位承担布展任务，新建展馆面积631平方米。

一艘33吨的新造驳船成为造船馆门前最耀眼的标志，馆中央柴油发动机发出隆隆的声响，纯钢铸成的锚链牵引重量可达150吨。大连船渠的产量大大超过了过去十多年来的最高产量，已经走到时间的前边，开始进行1950年的生产计划。

五、公用事业馆

展示电灯、自来水、瓦斯、电车、公共汽车、消防事业。由旅大行政公署交通厅、市政府建设局、工商局、瓦斯工厂、水道管理局、远东电业、大连交通公司、消防局等单位承担布展任务。

公用事业馆又分为一馆、二馆，一馆新建展馆面积343平方米，二馆新建展馆面积456平方米，两馆合计面积799平方米。

六、纺织工业馆

展示纺织过程、染布过程、针织过程和制衣过程。主要由金州纺织、大连纺织、明华印染厂、被服工厂、中苏渔业织网工厂、中苏渔业麻袋工厂、针织合作社、棉织合作社等单位承担布展任务，新建展馆面积456平方米。

纺织工业馆突出展示金州纺织、大连纺织两大纺织厂全套粗纺、精纺、织布等生产过程和业绩，各种纺织成品在灯光映照下熠熠生辉。

七、化学馆

展示各种化学工业。主要由建新大连化学工厂、关东实业化工厂、远东电业曹达工厂、油漆工厂、中苏火油公司、碳酸钙工厂、实验化学工厂、连章造纸工厂、染料工厂、皮革工厂等单位承担布展任务。

八、食品工业馆

展示酱油、榨油、精制油、奶油、酒类、汽水、面包、糖果、罐头、洋粉、灌肠、香烟等食品。主要由汽水工厂、酿造厂、广源油脂工厂、粮谷贸易制油工厂、秋林公司、糖果工厂、灌肠厂、中苏渔业罐头工厂、水产公司、华胜烟草公司等单位承担布展任务。

九、日用品工业馆

展示各种工艺成品、胶皮制品、火柴、家具、陶瓷器、玻璃用具等日用品。主要由陶瓷工厂、中苏渔业玻璃食具工厂、胶皮工厂、火柴工厂、教育合作社、关东百货公司等单位承担布展任务。

十、手工业馆

展示制鞋、草绳、麻绳、草包及其他草制品、毛制品、渔网等。主要由工业总会、工商局、劝业工厂、渔网工厂、法院改造所等单位承担布展任务。

十一、通讯器材馆

展示各种通信器材。由邮电管理局、电话电报局、无线电工厂、广播电台、光华电器工厂等单位承担布展任务。

十二、水产农林馆

展示渔业、盐业、蔬菜业、畜牧业、制冰工业及农业机械，由水产公司、中苏渔业、农林厅等单位承担布展任务。从苏联运来的拖拉机、割麦机也出现在展场。

十三、教育馆

展示各类科学模型及有关科学教育成果。由教育厅、大连大学工学院、科学研究所、博物馆、各学校（技工学校）、气象台等单位承担布展任务。

十四、卫生保健馆

展示有关卫生保健事业发展及医药制造。由卫生厅、中长铁路医院、大连大学医学院、关东医院、海口检疫所、卫生研究所、市立医院、中苏医院、中华医药公司等单位承担布展任务。

十五、文化事业馆

展示文化事业发展成果。由各图书馆、文化馆、东北书店、光华书店、秋林书店、友谊书店、人民日报社、实话报、通讯社、出版局、中苏影片公司、广播电台、古物保管委员会等单位承担布展任务。这里陈列着大连三大书店出版的3万册各类图书。

十六、中苏友谊馆

展示工人革命运动的经过，抗日战争的进展和事迹，中苏友谊的介绍。由中苏友好协会、旅大职工总会、各博物馆、青联、妇联、人民日报社、实话报、苏联对外文化联络协会等单位承担布展任务。以各种连环画、油画、木刻、图表为手段，形象介绍大连解放四年来的胜利及原因。

大连工业展览会持续了2个月，深得各方重视与好评。全国各大城市工厂、机关、学校及各界人士，纷纷组织和参加参观团，长途跋涉来大连参观，本地各界参观者更是络绎不绝，一睹为快。展览会于11月30日闭幕。展会参观者达31万人次。外地参观者共4000多人，分别来自181个单位。

大连工业展览会在新中国的展览发展史上留下光彩夺目的记录。

第三章
世界博览会

第一节 世界博览会的缘起

世界博览会（International Exhibition or Exposition），旧译为“万国赛会”或“万国博览会”，是一项由主办国政府组织或政府委托有关部门举办的有较大影响和悠久历史的国际性博览活动。世界博览会的兴起有深刻的历史背景与渊源。

一、欧洲工业革命的产物

（一）赛会说

在博览会的起源中，赛会说有一定的代表性，它最早发源于东亚。据载，4000年以前，波斯王诩其国富，搜集国内珍品奇器，陈列于首都以供观赏，是为赛会。

具有完备赛会精神的赛会始于1756年的英国伦敦。赛会之始，比赛物品仅限于国内。当时，如法国的赛会于巴黎、俄国的赛会于圣彼得堡、美国赛会于圣路易、日本赛会于东京。此外，还有德国、荷兰、比利时等，各国赛会此起彼伏。

（二）工业革命

18世纪中叶到19世纪中叶，英国率先经历了一场大变革。1765年，珍妮纺纱机的出现，标志着工业革命在英国乃至世界的爆发。瓦特改良蒸汽机之后，由一系列技术革命引起了从手工劳动向动力机器生产转变的重大飞跃。随后传播到英格兰乃至整个欧洲大陆，19世纪传播到北美地区。后来，工业革命传播到世界各国。工业革命使人类社会发生了巨大的变革，把人类推向了崭新的蒸汽时代，标志世界市场的初步形成，推动了现代化、城市化的进程。

世界博览会是欧洲工业革命的产物，以农业、手工业为主的个体经济转变为以工业、机械为主的城镇经济。劳动生产效率与质量提高了，系统化批量生产的工厂出现了，在工厂的集中过程中逐渐形成了城市。农村人口逐渐迁往城市，现代城市的出现，人们的物质生活丰富了，生活水平提高了。工业革命的势头迅速推向整个欧洲。展示工业成果、推广各种工农业机械以及开启新的市场就成为一种必然。

（三）英法两国的较量

英国和法国在博览会的发展中起过重要的作用。英法两国的较量催生了旨在展示“制造和艺术”领域取得的辉煌成果的博览会。

英国率先实现工业革命、鼓吹自由贸易，迫切需要确立自己的地位和声誉。1754年，英国的施普利成立“艺术、工艺与商业促进发展学会”，以鼓励各种促使工商业发展的技术和发明。该学会在1847年更名为皇家艺术学会。1761年，英国皇家艺术学会颁发奖品，鼓励农具及各种器械，举办赛会。同年，还举办了博览会。

大革命时期的法国，早在18世纪末就已经在展示技术上积累了丰富的经验，拿破仑帝国时期不定期地继续举办展览。1798年，拿破仑国王为了与讲究“艺学日新”的英国竞争，在巴黎设立国内博览会。当时的法国内务大臣致各部大臣书表示：此会为对英工艺之第一战争，于英国工业之最大打击也。1802年和1805年法国先后在巴黎举办了第二、第三次博览会，到1819年法国已举办博览会10余次。此后，从1819年到1849年，每隔5年举办一次，很有规律。

1849年的法国第十一届国家博览会为期六个月，已经具备世博会的很多特征，工业博览会上规定只展不卖的原则也已确定。

法国在国家博览会上的成功让欧洲其他国家纷纷效仿，如1820年的根特博览会、1824年的图尔奈博览会、1829年的莫斯科博览会、1834年的柏林博览会等。

二、伦敦万国博览会

（一）设想与筹备

举办万国博览会的设想源自19世纪早期在英国举办过的几次当地展览会。例如，1847年阿尔伯特亲王主持了一个名为“艺术社会”的展览会，在1847～1849年间发动了一系列设计精良的展品制造商参展。由此，亲王与亨利·库尔开始商讨举办另一个展览会，一个突破本土范围的全球性的盛会。

为提高大众的积极性，组织方通过演说、传单、宴会和个人呼吁等各种方式鼓励来自工业界人士的捐助。开始阶段捐助进展缓慢，但不久情况便有所改观。其中，铁路承造商萨穆尔·皮托允诺捐赠50000英镑，女王与王储则各捐赠了1500英镑，随后更多的资金开始注入，总共有大约5000人参与了此次捐助。

英国政府于1850年1月3日成立了筹办1851博览会的皇家委员会，并且使之通过宪法修正案而成为永久性机构，由此大幅提升了计划的可行度。该委员会由阿尔伯特亲王主持，其中也包括了一部分活跃在公共服务领域的杰出人士，诸如当时的副总理约翰·拉塞尔勋爵以及英国当时最负盛名的工程师伊桑巴德·金德姆·布鲁内尔。而亲王为了这次博览会更是不知疲倦地付出了努力。除了皇家专项委员会，一个建筑委员会也于1850年7月宣布成立，并开始征集博览会建筑设计方案。在所有应征的254个设计方案都被否定之后，建筑委员会开始自己筹划一个官方设计方案。1850年，这个设计终于揭开了神秘的面纱。它是由砖块、铁块、石块组成的圆顶建筑物，这个设想中的圆顶甚至比圣保罗大教堂的圆顶更大。

英国认为对邻近“不文明”的国家展示科技成就是一件重要的大事。因而，万国工业博览会采用邀请“日不落帝国”的“世界”来达成真正的“世界（或国际）”博览会。

（二）展览场地与盛况

万国博览会最具特色的建设是水晶宫，该建筑由约瑟夫·帕克斯顿设计，由土木工程师威廉·亨利·巴洛从旁协助，用来作为博览会的主要会场，也是当代对建筑物的一个大胆尝试。由铁为骨架和完全来自伯明翰及其邻近城镇斯梅西克（Smethwick）的玻璃为主体，建成之后果然一鸣惊人。这巨大的玻璃屋长约563米，宽约138米，花费了4500吨钢材和30万块大幅玻璃材料，从地基到竣工费时仅9个月。这个建筑后来被移动并且重建于伦敦南区的塞登哈姆，这个地区后来也因此被更名为水晶宫（图3-1）。

在阿尔伯特公爵亲自督导下，首届世博会于1851年5月1日，在伦敦海德公园正式开幕（图3-2）。博览会在1851年10月11日闭幕，历时164天，吸引了超过620万人次前来参观，共有来自10个国家约1.8万商人带来的约10万件展品，分为原料品、器械品、制造品和艺术品四大部分。展览品也来自一些白人殖民地，例如印度或新西兰、澳洲等移民地。许多涌入伦敦的游客来自欧洲各大城市，带来的利益相当可观，万国工业博览会收入净赚186000英镑。这笔款项后来被用于成立维多利亚与亚伯特博物馆，而科学博物馆与自然历史博物馆也都在该展览场所在地南边建立，后来成立的英国大学也与其比邻。

伦敦万国博览会的组委会为5084位参展商颁了奖，包括170枚大奖、2918枚普通奖和1996项荣誉提名奖。其中英国人获得2039项奖，其他国人获得3045项奖。中国送展的丝绸、旗袍、茶叶、矿产品和植物蜡等产品均获得了各种不同的奖项。

（三）影响与意义

万国博览会展示了英国的财富和技术成就，向世人展示了以钢材和玻璃为主要材料的巨型视觉空间，预示着工业化时代的来临。标志着英国作为“世界工厂”的繁荣和昌盛。

图3–1　水晶宫外观

图3–2　1851年世博会开幕式/油画作品

万国博览会从最初以美术品和传统工艺品的展示为主，逐渐变为荟萃科学技术与产业技术的展览会，成为培育产业人才和启蒙一般市民不可多得的场所。

英国《泰晤士报》评论道："创世以来，全世界各族群第一次为同一目的而动员起来。"万国博览会的会场不单是展示技术和商品，而且伴以异彩纷呈的表演与富有魅力的壮观景色，设置成日常生活中无法体验的、充满节日气氛的空间，成为一般市民娱乐和消费的理想场所。

三、《国际展览公约》与国际展览局

（一）《国际展览公约》

19世纪后半期，技术全球化趋势的加强以及世界贸易的增长对博览会的要求越来越高，但是，当时由于博览会活动迅速膨胀，鱼龙混杂、参展者良莠难辨，一度导致博览会的形象受损。

建立起国际合作关系的举动最早在1867年的巴黎博览会之后就出现了。首创者是英国总代表亨利·柯尔，他撰写了一份包含9点内容，由奥地利、普鲁士、意大利、俄国、美国5位同僚签署的备忘录。备忘录确定了3个目标：控制博览会的规模和会展期限；在申办国轮流举办博览会；整顿分类体系以及更加关注展品的质量。

1873年，奥匈帝国政府邀请世界其他国家参加在维也纳举办的一场有关发明的万国博览会，但许多国家的发明者考虑到对展览品没有充分的法律保护，而不乐意参展。这促进了奥地利通过一项特别法对所有参加展览的外国参展者的发明、商标和工业品外观设计提供暂时性保护。此后，奥匈帝国政府敦促各国政府要积极倡导专利制度保护以引起世界范围内对专利的关注，以"早日达成专利国际保护协约"。

1883年3月20日，11个成员国在巴黎签订《保护工业产权巴黎公约》（Paris Convention on the Protection of Industrial Property），也称《巴黎公约》。它要求公约成员国应按其本国法律对在公约各成员国领域内举办的官方或经官方认可的国际展览会上展出的产品所包含的专利和展出产品的商标提供临时法律保护。

1927年，国际商会提出进行国际合作的设想。法国政府积极响应，几经周折，终于促成了世界博览会的第一个章程的诞生。

1928年11月，31个国家的代表在巴黎开会签订了《国际展览公约》。该公约规定了世博会的分类、举办周期、主办者和展出者的权利和义务、国际展览局的权责、机构设置等。《国际展览公约》后来经过多次修改，成为协调和管理世博会的国际公约，国际展览局依照该公约的规定应运而生。展览局行使各项职权，管理各国申办、举办世博会及参加国际展览局的工作，保障公约的实施和世博会的水平。

（二）国际展览局

国际展览局，英文简称为BIE（Bureau of International Expositions）。1928年，根据外交公约，由法国发起成立了国际展览局，总部设在巴黎。国际展览局的常务办事机构为秘书处，秘书长为该处的最高领导。

国际展览局属政府间国际组织，其作用包括组织考察申办国的申办工作；协调展览会的日期；保证展览会的质量等。它的存在对规范、管理和协调世博会的举办，起到了很好的效果。国际展览局的收入，主要来自申办展览会的注册费和举办期间门票收入的一定比例。

国际展览局每年由在职主席主持召开两次全体成员国代表大会。这些会议由成员国代表和国际组织的观察员参加出席。会议由代表们评审新项目（世博会）的申请，评估那些申办国申办世博会的报告。大会也听取分管各方面工作的4个委员会的工作报告。

国际展览局日常工作由秘书长领导，下设4个委员会：

1. 执行委员会

执行委员会的工作职责为：为世博会所展示的内容确定分类标准；审查所有申办的注册类（综合类）或认可类（专业类）世博会的申请，并提出该委员会的意见，最后一并提交全体大会通过；执行全体大会赋予的任务；向其他委员会征询意见。

2. 条法委员会

条法委员会的工作内容为：审查世博会的特别规章，并将其提交全体大会通过；指定供世博会组织者使用的规章范本；制定国际展览局的内部规章。

3. 行政和预算委员会

行政和预算委员会的工作内容为：对国际展览局的管理活动实施监控；对国际展览局的财务管理进行检查；制定国际展览局年度预示并提交全体大会通过。

4. 信息委员会

信息委员会的工作内容为：出版国际展览局通讯；研究和宣传国际展览局的活动。

以上4个委员会中，每个委员会设一位主席和副主席，各委员会主席同时也是国际展览局副主席。这8个成员与国际展览局主席和秘书长构成了整个国际展览局工作的管理主体。所有委员会的职位从所有的成员国代表中选举产生。

国际展览局1993年5月接纳中国为正式成员国。中国国际贸易促进委员会一直代表中国政府参加国际展览局的各项工作。

作为BIE的成员国，在决定世界博览会承办国家时有投票权。鉴于世界博览会在国际中的影响日益增大，许多国家决定申请加入BIE，以便在今后与主办国间的政治、经济交往中有协商的优势。截至2010年5月1日，国际展览局成员国共有157个。

第二节 世界博览会的发展

世界博览会（简称世博会）诞生于工业革命全盛时期的英国，并取得了巨大成功。这给后来紧随着英国完成工业革命的欧洲其他国家树立了一个标杆：举办世博会是一个国家强大的标志，举办世博会也会使这个国家更强大。于是他们纷纷效仿英国举办世博会。

世博会成为推动现代化的重要因素，它不仅推动了工业创新，而且还促进了技术、工艺、产品的传播。在工业革命的鼎盛时代，人们对进步的信仰伴随着世博会的进程而发展。

一、一切始于世博会

从19世纪中叶到20世纪的前10年，是世博会发展的黄金时期。“一切始于世博会”，正是产生于这个时期。

从著名的埃菲尔铁塔到电影的发明，到爱迪生的白炽灯、留声机，到柯达胶卷，甚至人们吃的蛋卷冰激凌、乘坐的奥蒂斯电梯、使用的固特异轮胎、吹奏的萨克斯风等，都是从世博会走向世界的。

19世纪的历届世博会展现了一个非凡的“发明时代”，充分展现了人类工业文明在当时的最新成果。

这一时期，在欧洲举办的具有代表意义的综合类世博会如下：

（一）1855年法国巴黎世界博览会

1855年法国巴黎世界博览会的主题是“农业、工业和艺术”。工业宫展馆利用现代建筑材料建造，其钢铁架长250米，宽108米，高35米，上盖加固玻璃，基本上是仿造了帕克斯顿水晶宫的风格。展出了混凝土、钢制品、铝制品和橡胶等新产品。

这次世博会还专门建造了艺术宫，展出了包括来自29个国家的2054位艺术家的5000件作品。其中，法国作品有3634件之多。艺术宫向世界展示了人类的文化、文明和艺术。

博览会也同时向世界展示了巴黎这座城市在工业、文化和政治上的重要性。1855年竣工的铁路干线和大型公共设施的建筑更增添了城市的风采和吸引力，大大提高了巴黎在国际舞台上的重要地位。

1855年法国巴黎世界博览会于5月15日开幕，11月15日闭幕；总面积达15.2公顷；吸引参观者5162330人次，获得了极大的成功。

（二）1862年英国伦敦世界博览会

由于1851年伦敦第一届世界博览会的成功，英国皇家委员会宣称：1862年英国伦敦世界博览会无论在规模上，还是在成功程度上都要超过第一届。

这届博览会的内容不仅包括工业与美术，也包括制造品、机器和各殖民地所拥有的欧洲工业所需的原材料。他们把工业的进步既作为展览的主要特点，又希望广泛传播技术知识，使这届博览会更具国际性，从而推动国际性工业的进一步发展。英国显示了在土木工程、农业工具、铸铁工业、机器制造、陶器和家具制造方面的实力；法国则在装饰工艺方面见长。其他国家的实力则不被重视。

在艺术展览方面，他们决定增加陈列面积。展出了2305位来自英欧等国的艺术家提供的6500件绘画、雕刻和蚀刻等艺术品。

该博览会于1862年5月1日开幕，当年11月1日闭幕。展览总面积15.2公顷，参加国/地区共39个，参观者达6096617人次。这届博览会主办国的投资成本约为2294210美元。它并没有像首届博览会那样盈利，但它开启了博览会每隔11年举办一次的先例。

（三）1873年奥地利维也纳世界博览会

1870年奥地利政府宣布举办1873年维也纳世界博览会，表面上为纪念约瑟夫皇帝执政25周年，实际上是为驱散1866年普奥战争败给奥地利笼罩的阴霾。这也开创了以重大节庆为由开办世博会的先河。

奥地利政府公布举办世博会后，维也纳就吸引了大批股市投机者和生意人。世博会开幕后的第九天，维也纳股市全面崩溃。经济危机悄然笼罩欧美的天空。即便如此，维也纳的旅馆、饭店仍纷纷涨价，连富有的游客都被吓跑，社会不满情绪滋长。

另外，奥地利政府利用世博会举办时机，对维也纳旧城区实施大规模改造，并疏浚多瑙河。可筹备期间，多瑙河突然洪水泛滥，影响了工程建设。后来又连降暴雨，破坏了不少世博会的建筑。1872年，维也纳暴发了一场流行性霍乱，这场流行病吓退了许多准备来维也纳的参观者。最后财务的统计表明，这届世博会收益仅是其开支的1/6，被认为是19世纪甚至是世博史上遭受经济损失最惨痛的一次世博会。

这一届世博会也产生了一个奇迹。当时的比利时工匠格拉姆，无意把自己带去的发电机的电线接反了，于是奇迹发生了：第一台发电机发出的电流进入第二台发电机电枢线圈里，使得这台发电机迅速转动起来——发电机变成了电动机。这意味着电可以转化为机械能。

格拉姆被后世誉为“电动机之父”。他的环状电枢自激直流发电机被证明性能优良，得以大规模生产使用。电能转化为机械能的众多技术马上被产品化投入市场，或应用到新的产品中，如有轨电车（1881年）、无轨电车（1882年）、电梯（1880年）、电气火车（1879年）、电动汽车（1898年）等，人类电气化时代的序幕拉开。

（四）1878年法国巴黎世界博览会

1878年法国巴黎世界博览会的主题为“农业、工业和艺术”。博览会展出了贝尔的电话、爱迪生的留声机等，都是人类划时代的发明。

在这届博览会上，爱迪生赢得了欧洲人特别是法国人的无比崇拜，既未受过正规教育又无贵族背景和支持的爱迪生被认为是世界奇才。对巴黎市民和一般观众来说，最炫目的是1878年6月安装在歌剧大道和歌剧广场路旁的电灯，当开关合闸的瞬间，耀眼夺目的光彩照亮了这些著名的地方，爱迪生折服了所有的人。

该届博览会会期从1878年5月20日到当年11月10日，博览会总面积75公顷，参加国/地区36个，参观者达16156626人次。

（五）1889年法国巴黎世界博览会

1889年法国巴黎世界博览会主题是“纪念法国革命100周年”。会期从1889年5月5日到当年10月31日，总面积达96公顷，参加国/地区35个，参观者总数达32250297人次。

该届世博会除了传播技术，还起到了教育作用。1889年巴黎世博会成为为成年人开设科普常识的大课堂。博览会展出了连续显示照片的装置和新型感光胶片，后人借此技术发明了电影机。

（六）1900年法国巴黎世界博览会

1900年法国巴黎世界博览会的主题是“新世纪发展”，共设有83000个展览，3000个来自法国，45000个展览分别来自其他50多个国家，其中，欧洲占半数。最大的外国参展国是美国，带来了7600个展览，分布在3.13平方米的展区。博览会的总面积达120公顷。

这届世博会把展区分成18个大类，再分成121个细类，排列顺序按照教育、美术、工业、殖民地和军事，每一大类都有专门展馆。博览会介绍了地铁，展示19世纪的科技成就，并展出了大型发电机和无线电收发报机。

会期从1900年4月15日到1900年11月12日，参加国/地区共58个。参观者达50860801人次。外国观众最多的为德国，这也是德国第一次正式参加世博会。1900年巴黎世博会超过5000万参观者，创造了那一时期的最高记录。

二、走出欧洲的世博会

（一）马克思的预言

早期的世博会，多在英国、法国等老牌资本主义国家举办。从欧洲大陆出来，世博会第一个登陆的国家是美国。

自1776年从英国的殖民统治下独立出来，美国领土不断扩大，吸引了大批外国移民。到了19世纪中叶，西进运动进行得如火如荼，加利福尼亚的淘金热规模空前。1848年到1851年，美国的金币铸造增加了20倍；1851年至1855年，黄金产量占全世界的45%，美国迅速崛起并寻找机会向世界表达和推荐自己。

1851年伦敦世博会举办之时，5000余名美国企业家携带500多项产品漂洋过海到伦敦。在首届世博会上，美国的收割机和左轮手枪给参观者留下深刻印象。

马克思敏锐地意识到世界的经济发展的中心将发生转移。他在伦敦世博会闭幕后两天写信给恩格斯，提到了美国人的成功："英国人承认美国人在工业展览会得的奖，在一切方面胜过了自己。"

1853年，美国紧随伦敦首届世博会，在纽约举办了一届世博会。

1876年，为了庆祝百年独立，美国在费城再一次举办了世界博览会（图3-3），展出了动力织布机、水泵、车轴、电缆、火车头、印刷机、打字机、多路传输电报机等新产品。博览会的会期从1876年5月10日到1876年11月10日，总面积115公顷，参加国/地区35个，参观者达1000万人。

（二）改变美国的世博会

对美国意义最重大的世博会，当属1893年芝加哥世博会，它被称为"改变美国的一届世博会"（图3-4）。

芝加哥世博会的展厅设计者丹尼尔·伯纳姆团队，在大约2.4平方千米的土地上，设计了近200个古典的建筑物、运河和泻湖。其主要建筑均刷上白色的西班牙殖民地风格的外墙漆，为建筑群带来"白城"的称号。这是美国有史以来最大的一次建筑群规划。

这届世博会令人印象最深刻的不仅有菲力斯摩天轮、爆米花、口香糖、麦片，还有穿着黄色广告服的柯达小姐。这届世博会也被认为是最娱乐、最美味的世博会。

图3–3 1876年费城世博会招贴画

图3–4 1893年芝加哥世博会招贴画

世界第一座摩天轮矗立在大道乐园中央。这是可一次性容纳2160人的特大摩天轮，从此，现代摩天轮风行世界各地，成为许多游乐场和狂欢节的重要标志。大道乐园也启发了米老鼠的设计者华特·迪士尼。迪士尼主题公园的设想就来自这座乐园。

1893年美国芝加哥世博会上，电子馆中首次使用交流发电系统，为12万只灯泡提供照明用电，并用玻璃管吹制出字母和图形，这是霓虹灯首次亮相。

美国的强国之路也几乎是在世博会的伴随之下往前延伸的。1893年的芝加哥世博会的举办，美国被公认从此走上强国之路。次年美国GDP就名列世界第一，此后的20世纪，它也一直保持了全面领先。

1904年美国圣·路易斯世博会展出飞机和无线电。

1933年美国芝加哥市第二次举办世博会，主题是“进步的世纪”，展出大量新产品，明确提出科技发明和创新将成为今后人类社会进步与发展的主要动力。较为瞩目的展品是航空研究的成就——奥古斯特·皮卡德教授的吊篮气球，它曾升到约146304米的高空。

1939—1940年美国纽约世博会上，磁带录音机、电视机、电视摄影机、尼龙、塑料制品等崭露头角（图3–5）。

1962年，在美国西雅图专业性世博会上，首次展出了航天器，表明人类已经能够借助高科技进入宇宙。

美国是目前世界举办世博会最多的国家，一共举办了13届。

（三）在澳洲举办的世博会

19世纪80年代，澳大利亚发现金矿的新闻引发了史上规模最大的移民潮。1851年至1861年的10年间，约62万移民从英国来到澳大利亚，带来了先进的生产方式，带来了澳大利亚的繁荣以及澳大利亚与世博会结缘的机会。

图3—5　1939美国人发明的收银机在世博会上展出

到了19世纪80年代，澳大利亚已经成为世界上最重要的羊毛和黄金出口地，在政治上进入了由英属殖民地向联邦国家转折的时期，文化上则因大批移民的涌入，形成了多民族的多元文化。

这一切都为澳大利亚举办世博会创造了条件。澳大利亚渴望了解世界，也希望被世界了解。1880年，澳大利亚的墨尔本和悉尼几乎同时举办了世博会。

这届世博会的主题是“万国工农业、制造与艺术”，会期从1880年10月1日到1881年4月30日，博览会总面积25公顷，参加国/地区33个，参观者达133万人。

（四）在日本举办的世博会

日本很早就开始关注世博会。1873年，明治维新后的日本，第一次参加了维也纳世博会。在派往维也纳的77人代表团中，有66人是工程师。

1877年，日本开始在国内举办相当规模的工业博览会。后来又筹划在1940年举行以庆祝日本帝国成立2600年为主题的世界博览会，这个计划因第二次世界大战而搁浅。

20世纪60年代，日本的经济开始复苏并飞速发展。1964年，东京奥运会的成功举办更是振奋了国民精神。1965年，日本正式向国际展览局申请举办1970年大阪世博会，主题为“人类的进步与和谐”。

1970年日本大阪万国博览会和1985年日本筑波科技世博会，都展示了第二次世界大战后日本在各方面的发展和成就。

图3-6　爱知世博会的大地之塔

图3-7　爱知世博会吉祥物

2005年爱知世博会以“自然的睿智”为主题，展示了人类创造的新成果，并且反思自身和世界为了经济发展所付出的生态代价（图3-6）。

爱知县会场本是森林茂密的丘陵地带，100年前的过度开发曾让它变得一片荒芜，从这一地区流出的雨水经常引起下游地区洪水泛滥。明治政府曾在奥地利人阿美利戈·霍夫曼的指挥下进行防沙工程并实施植树造林，让这里再次恢复了绿色。

爱知世博会上的吉祥物是一对可爱的卡通人物：来自森林的精灵——森林爷爷和森林小子（图3-7）。爱知世博会场址改造原则是不动一草一木，选择场馆时尽量避免毁坏绿色的森林，即使有的地方不得已要占用原有的森林地带，也采用了移植的办法，让小片森林“搬家”到新的空地上。

在环保上，爱知世博会做了最大限度的努力：不惜在空中建造了一条弯弯曲曲的高架环路，避开池塘和一些珍稀动物的栖息地；对未能保留的树木，砍伐后尽可能物尽其用，小尺寸木料都粉碎成木屑，通过高科技环保技术加工，用来铺路；遮阳降温的问题也用淋水喷雾，或者地热空调系统解决；厕所是节水型环保厕所；采用屋顶、墙面绿化……

日本把爱知世博会作为“奔向未来的发动机”，对“科学技术”高度重视，不仅将其应用于产业，也积极地纳入日常生活中，体现“生活的睿智”。

三、世界博览会的主要功能

在国际展览局的领导和协调下，世界博览会趋于规范化。现在的世界博览会分为注册类（又称为综合类）和认可类（又称为专业类）两种。从1995年1月1日起，两个注册类世博会之间间隔期至少为5年，在间隔期内可以举办认可类世界博览会。注册类与认可类则根据国际展览局制定的有关条款来确定。两类博览会的区别在于，综合性的注册类大多主题较广且富哲理，场地庞大，展期为6个月，并要求参展国出资建造各自国家馆；而专业性的认可类则主题较为单一，展期一般为3个月（也有长至6个月），并由主办国提供所需展地。

世博会是一项具有较大影响和悠久历史的国际性活动，它既是人类社会发展进程中对当时文明的真实记录，更是对未来美好前景的展望和憧憬。

（一）展示世界科技和文化的发展成就

举办世界博览会的目的往往是庆祝重大的历史事件或某个地区、某个国家的重要事件，展示人类在某一个或多个领域如政治、经济、科技和文化等方面取得的成就。人类社会进步和发展的新技术、新发明、新创造、新产品等，借助世博会的平台得以向公众展示。

（二）探索解决人类面临重要问题的方法

世博会关注人类面临的共同问题，它通过完整展现事物发展的过程，探求解决问题的途径，给人们以深刻的启迪。

1939—1940年，美国纽约和旧金山先后共同举办了世博会，主题是“建设明天的世界”，口号为“人类相互依存”，目标是以今天的力量建设明天的美好世界，建立幸福的美国生活方式。

1970年日本大阪世博会的主题为“人类的进步与和谐”。会上提出珍惜资源、治理污染是人类社会面临的新问题。

1974年美国斯波坎环境博览会更明确提出“无污染的进步”。

1984年美国新奥尔良世博会主题是“河流的世界——水乃生命之源”，揭示出水并不是取之不尽、用之不竭的，人类已经面临缺水的问题。

1986年加拿大温哥华专业世博会的主题是“交通与通讯——人类的发展和未来”，提醒人类已经步入信息时代。

1993年韩国大田专业博览会上，结合环境保护、生态平衡、和谐发展的内容，提出了“新的起飞之路中的挑战”的主题，在会场和展馆建设中广泛采用各种再生利用技术，会场内的马路也是用废轮胎粉碎后铺设的。

1998年葡萄牙里斯本世博会的主题是“海洋——未来的财富”，提倡在探索、开发和利用海洋造福人类的同时，注意保护海洋资源。

（三）促进各参展国间的交流与合作

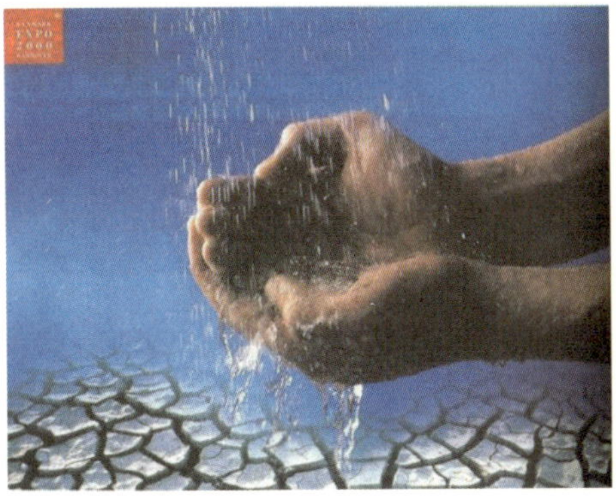
图3–8　2000年汉诺威世博会招贴画

世博会期间，各国参展展团聚集一起，相互了解、沟通和协作；各国政界、商界领导人云集，进行高层次的对话与交流。

世博会主办国一般都要邀请参展国家的领导人参观博览会并主持馆日活动，或举办参展国文化周活动，全方位介绍本国情况。

世博会不直接进行贸易活动，但场内外间接的经贸交流十分活跃。各大公司也会采取多种方式展现其形象与最新产品。

在2000年德国汉诺威世博会上（图3-8），人们围绕“人类、自然、科技——蓬勃发展的全新世界”的主题，将可持续发展和再利用理念做了最大可能的呈现。

知识链接

汉诺威原则

1992年的联合国环境和发展大会标志着人类对环境和发展关系认识的一个里程碑。在大会上，“可持续发展”的原则得到了国际社会的接受，“可持续发展”的口号也从此响遍了世界各个角落。

在这样的背景下，“自然”第一次被写入了世博会的主题，可持续发展也被定为整个展览的总体方向。由前美国总统科技顾问威廉·麦克唐纳与德国化学家迈克尔·布朗嘉特共同起草的“汉诺威原则”，其核心是“设计服务于可持续发展”。

1993年10月，汉诺威世界博览会总体规划正式开始，遵照“汉诺威原则”，规划者郑重声明“不建造任何在世博会后无用的东西”，避免曾出现的世博会场在闭幕后成为一片“废墟公园”的结局。

事实上，汉诺威70%的场馆会后都得到了利用，这在过去世博会上是绝无仅有的。在建设场馆的时候，汉诺威还充分利用了原有的展馆，对它们进行了功能改造，只新建了极小比例的新馆。

汉诺威世博会还独创了两个非常有借鉴意义的“新生事物”：世界项目和全球对话。

为了在全世界传播世博会“人、自然、技术”的主题，世博会提早几年在世界各地广泛征集在可持续发展方面具有先导作用和示范意义的实践活动，经过国际评委会评选，作为世博会的“世界项目”资助计划。

许多“世界项目”在主题展馆、各国或国际组织展馆进行展示，有些成为“全球对话”的讨论议题。围绕与世博会主题相关的各个议题，举办了10场全球对话。

（四）促进举办国城市、社会和经济发展

举办世博会，有助于推动主办国经济、旅游、文化和艺术交流等的发展。1970年，日本首次在大阪成功举办综合性世博会，不仅振奋了本国人民的精神，而且让世人重新认识了日本。德国将2000年汉诺威世博会视为世人全面了解统一后的德国的良机。

举办世博会，有助于推动举办城市的基础设施建设、城市规划设计和城市改造，改善城市居民的居住环境。而且，举办世博会时所建的标志性建筑，在世博会结束后多被保留下来，标示着社会、文化、科技、建筑和美学等方面的时代印记，有些已经成为城市，甚至是国家的象征。

巴黎是举办世博会最多的城市，留下的精美建筑也最多。埃菲尔铁塔是1889年世博会的标志性建筑，可称“现代铁塔之父”，现已成为巴黎和法国的象征（图3-9）。塞纳河上最美的亚历山大三世桥、夏乐宫、巴黎工业宫、国民广场、奥德赛宫、荣誉军人院、机械宫、博览会纪念门、人工艺术创造院以及塞纳河两岸的一些建筑物，都是历届巴黎世博会的重要遗产。

1958年，在比利时布鲁塞尔举行第二次世界大战后的第一个世博会，主题为“科学、文明和人性”。各参展国通过展示战争给人类家园和环境造成的巨大破坏，呼吁不要战争，用科学进步促进人类的和谐共处。这届世博会建造的

原子能结构的球形展馆，象征着人类进入了科技进步的新世纪，至今耸立在布鲁塞尔的市中心。

知识链接

布鲁塞尔世博会的原子球

从布鲁塞尔市中心驱车北行，便可来到风光旖旎的比利时国王北郊行宫拉肯宫一带，一座奇特的建筑很快映入眼帘：9个互相连接的巨大金属圆球在空中熠熠发光。这便是专门为1958年布鲁塞尔世博会而建的著名的原子球。

它高约102米，重达2200吨，相当于放大了1650亿倍的铁分子结构。每个圆球直径约18米，分为上下两层。最高的圆球里有一个专供游客观赏风景的观光区，游客在此可以俯瞰布鲁塞尔市全貌。

比利时建筑大师安德烈·瓦特凯恩是原子球的设计师，他精心构思，每个圆球代表一个原子，正巧当时欧共体成员国有9个，比利时也共有9个省。因此，原子塔（图3-10）的9个球体成为比利时国内团结和西欧联合的象征。圆球内举办科学展览，球与球之间用自动扶梯连接。原子模型塔底部接待大厅首先展示的就是比利时的核能工厂。

图3-9　巴黎埃菲尔铁塔

图3-10　比利时布鲁塞尔原子塔

第二次世界大战中，人类亲眼看到自身毁于用最先进科技创造出最具毁灭性的武器。战争结束后，全球传递着和平利用原子能的呼声。原子球的设计表现了人类对金属和钢铁工业的尊崇和对原子能和平利用的期望。

1970年大阪世博会的标志性建筑为“天宇阁”，大屋顶层层叠加，壮丽高耸，显示了东方宫殿建筑的雄伟风格。里斯本为筹备1998年世博会，城市的交通、电信和环保等基础设施焕然一新。举办1999年世界园艺博览会的昆明，提前10年完成了对城市的改造和建设。

（五）传播、普及科技文化知识

世界博览会多会展出最新的技术发明和创造。为吸引观众，各参展国家纷纷采用艺术化方式或声、光、电等现代科技手段营造氛围。展品科普化、艺术化，将高科技寓于展示活动中。参观者可以与这些展品零距离接触，亲身体验科技的奥妙。世博会成为教育民众，尤其是青少年的生动形象的课堂。

20世纪80年代中期，日本已跻身发达国家行列，但在科技方面与欧美仍有较大的差距。借举办1985年筑波科技专业世界博览会之机，日本大力宣传科技进步给人类生活带来的前所未有的改变和提高，积极推动、促进日本高科技产业的发展。该世博会的展出内容以科技产品为主，专业性较强，但通过精心设计，很多展品可以触摸、拆卸、安装和操作。日本所有的大中小学都组织学生参观。筑波世博会结束后，改建为日本国家级科技城，成为日本的科研中心，许多大企业的高科技研发机构均设于此。

1993年韩国大田世博会时，1/3的韩国人参观了世博会，其中学生占了相当大的比例。他们进入飞机驾驶舱模拟操作，观看运载火箭发射卫星动态模拟演示，亲手拆卸汽车，乘坐磁浮列车，探索科技的奥秘。大田世博会结束后，原址改建为科学馆，供青少年参观学习。

第三节 2010上海世界博览会

2010年上海世界博览会是一个融汇东西方特色的、从衣食住行到科学技术进步多方面来显示人类美好的综合性国际博览会。它的成功举办不仅是中国人民聪明才智的结晶，更是国际合作与全人类共同努力的杰作。

一、上海世博会的基本情况

（一）申办历程

早在100多年前，中国早期改良主义思想家郑观应在其代表作《盛世危言》中就提出了“欲富华民，必兴商务；欲兴商务，必开会场。欲筹赛会之区，必自上海始”的主张。这是关于要在上海举办世博会的最早记录。1984年9月，日本长期信用银行经济考察团来我国访问，时任国家副主席的王震接见考察团时，日本方面的世博会策划专家屋太一先生和日本经济学家竹内宏先生等建议，希望中国能够举办世博会，得到了王震和时任上海市市长汪道涵的高度重视与赞成。从1985年开始，上海进行了举办世博会的一系列可行性研究。1992年8月16日，第一篇建议举办上海世博会的署名文章《盼望“上海国际博览会”》在《文汇报》上刊登。1999年12月，在国际展览局第126次全体大会上，中国政府正式宣布申办2010年世博会。2000年3月17日，中国政府成立2010年上海世博会申办委员会，时任国务委员吴仪担任主任委员。2001年5月，中国政府通过外交途径向国际展览局递交举办2010年上海世博会的申请函。2002年1月30日，中国政府向国际展览局递交举办2010年上海世博会的申办报告。2002年11月29日至12月5日，时任中共中央政治局常委、国务院副总理李岚清率中国代表团参加国际展览局第132次全体大会并作申办陈述。2002年12月4日，经国际展览局大会投票表决，中国获得2010年世博会举办权。

（二）展会主题

2010上海世博会主题为：城市，让生活更美好。副主题为：城市多元文化的融合；城市经济的繁荣；城市科技的创新；城市社区的重塑；城市和乡村的互动。

图3-11　2010年上海世博会世博园区总平面图

图3-12　2010年上海世博会会徽

（三）位置与展区

中国2010年上海世界博览会会场位于南浦大桥和卢浦大桥区域，并沿着上海城区黄浦江两岸进行布局。世博园区规划用地范围为5.28平方千米，包括浦东部分为3.93平方千米，浦西部分为1.35平方千米。围栏区范围约为3.22平方千米。

在展馆分布方面，中国2010年上海世博会，分为A、B、C、D、E片区。

A片区包括中国国家馆、除东南亚外的其他亚洲各国国家馆；B片区包括主题馆、东南亚和大洋洲部分国家馆、国际组织馆、公共参与馆、演艺中心；C片区包括欧洲、美洲和非洲各国国家馆；D片区包括部分企业馆；E片区包括部分企业馆、城市未来馆、城市足迹馆、城市最佳实践区（图3-11）。

（四）会徽与吉祥物

1．上海世界博览会会徽

2010年上海世博会会徽图案以汉字“世”为书法创意原型，并与数字“2010”巧妙组合，相得益彰，表达了中国人民举办一届属于世界的、多元文化融合的博览盛会的强烈愿望（图3-12）。

会徽图案从形象上看犹如一个三人合臂相拥，状似美满幸福、相携同乐的家庭，也可抽象为“你、我、他”的广义人类，对美好和谐的生活追求，表达了世博会“理解、沟通、欢聚、合作”的理念，突显出中国2010年上海世博会“以人为本”的积极追求。

会徽以绿色为主色调，富有生命活力，增添了向上、升腾、明快的动感和意蕴，抒发了中国人民面向未来，追求可持续发展的创造激情。

2. 上海世界博览会吉祥物

中国2010年上海世界博览会吉祥物于2007年12月18日20时揭晓。吉祥物由巫永坚设计，命名为“海宝”，即取“四海之宝”意，主体为蓝色“人”字造型（图3-13）。

图3-13　2010年上海世博会吉祥物

二、上海世博会的参展馆

世界博览会是由一个国家的政府主办，有多个国家或国际组织参加，以展现人类在社会、经济、文化和科技领域取得成就的国际性大型展示会。其特点是举办时间长，展出规模大，参展国家多，影响深远。上海世博会有多达246个国家和国际组织参展。

中国馆是最受欢迎的展馆。外国场馆中的热门馆主要有德国馆、沙特馆、西班牙馆、日本馆、法国馆、意大利馆、英国馆、韩国馆、美国馆等。

（一）中国馆

展馆建筑外观以“东方之冠，鼎盛中华，天下粮仓，富庶百姓”的构思主题，表达中国文化的精神与气质。展馆的展示以“寻觅”为主线，带领参观者行走在“东方足迹”“寻觅之旅”“低碳行动”3个展区，在“寻觅”中发现并感悟“城市发展中的中华智慧”（图3-14）。

（二）德国馆

德国馆开放状的建筑外形轻盈而飘逸，似乎在向参观者们发出真挚的邀请。“严思”“燕燕”——两位特殊的虚拟讲解员，陪伴每一位参观者穿行于各个展馆。穿越了一条充满典型德国都市画面的“动感隧道”后，参观者们便会踏入“和谐都市”内设计与布置奇妙的体验空间（图3-15）。

（三）沙特馆

沙特馆形似一艘高悬于空中的“月亮船”，在地面和屋顶栽种枣椰树，形成一个树影婆娑、沙漠风情浓郁的空中花园。馆内介绍沙特阿拉伯地理、人口、历史、政治等内容，重点展示能源之城、绿之城、文化古城、新经济之城四种类型的城市，揭示水、石油和知识是沙特阿拉伯城市发展的安身立命之本（图3-16）。

图3-14　2010年上海世博会中国馆

图3-15　2010年上海世博会德国馆

图3-16　2010年上海世博会沙特馆

图3-17　2010年上海世博会西班牙馆

（四）西班牙馆

西班牙馆是一座复古而创新的“藤条篮子”建筑，外墙由藤条装饰，通过钢结构支架来支撑，呈现波浪起伏的流线型。阳光可透过藤条缝隙，洒落在展馆内部。展馆内设“起源”“城市”“孩子”三大展示空间（图3-17）。

（五）日本馆

日本馆爱称“紫蚕岛”，馆外覆盖超轻的发电膜，采用特殊环境技术，是一幢“像生命体那样会呼吸、对环境友好的建筑”。馆内通过实景再现和影像技术，展现2020年的未来城市生活，介绍日中两国的文化渊源、与自然共生的日本人生活、充满活力和时尚的日本当代城市、为解决水资源和地球环境问题而开发的先进技术（图3-18）。

（六）法国馆

法国馆被一种新型混凝土材料制成的线网“包裹”，仿佛“漂浮”于地面

图3-18　2010年上海世博会日本馆

图3-19　2010年上海世博会法国馆

图3-20　2010年上海世博会意大利馆

图3-21　2010年上海世博会英国馆

上的“白色宫殿”，尽显未来色彩和水韵之美。展馆内，美食带来的味觉、庭院带来的视觉、清水带来的触觉、香水带来的嗅觉以及老电影片断带来的听觉等感性元素，让参观者体验法国的感性与魅力（图3-19）。

（七）意大利馆

意大利馆设计灵感来自上海的传统游戏“游戏棒”，由20个不规则、可自由组装的功能模块组合而成，代表意大利20个大区。整座展馆犹如一座微型意大利城市，充满弄堂、庭院、小径、广场等意大利传统城市元素（图3-20）。

（八）英国馆

英国馆的设计是一个没有屋顶的开放式公园，展区核心为“种子圣殿”，外部生长有6万余根向各个方向伸展的触须。白天，触须会像光纤那样传导光线来提供内部照明，营造出现代感和震撼力兼具的空间；夜间，触须内置的光源可照亮整个建筑，使其光彩夺目（图3-21）。

图3-22　2010年上海世博会韩国馆

图3-23　2010年上海世博会美国馆

（九）韩国馆

韩国馆外立面以立体化的韩文和五彩像素画装饰，以“沟通与融合”为元素，展现韩国风情。一层是按比例缩小的韩国首尔，通过影像展现“我的城市”；二层展示“我的生活”，用高科技手段演绎文化、科技、人性和自然；“我的梦想”展区展示未来技术，并预展2012年丽水世博会的美妙画卷（图3-22）。

（十）美国馆

美国馆外观宛如一只展开双翅的雄鹰，欢迎远道而来的客人。展馆是未来美国城市的缩影，包括了清洁能源、绿色空间和屋顶花园等元素，通过多维模式和高科技手段，引领参观者在4个独特的展示空间踏上一段虚拟的美国之旅，讲述坚持不懈的创新以及社区建设的故事（图3-23）。

知识链接

网上世博会

网上世博会是中国2010年上海世博会的重要组成部分，于2010年5月1日正式上线，是世博会的导引、补充与延伸。它是服务于2010年上海世博会的，集推介、导引、展示、教育四大功能于一体的，综合性、国际性的网上平台。世界博览会至今已有150多年历史，一直是以实体场馆的方式进行展览展示。上海世博会推出“网上世博会”项目，通过互联网新媒体与多种技术结合，把世博会最精彩的一面展现出来，以生动形象的方式推进世博会，吸引国内外游客前来参观。

网上世博会的组织者是上海世博会事务协调局。网上世博会的参与者范围是2010年上海世博会的全部参展者，包括官方参展者、非官方参展者、国内参展者。网上世博会的内容是以2010年上海世博会内容为基础，以不同的方式和技术在互联网上进行展现。

“网上世博会”效果片显示：在A类馆，人们可以全方位了解展馆布局，点击鼠标进入具体展厅，了解展品设置；B类馆增加了互动，人们可以以全景方式进行浏览；在C类馆，“游客”可以以第一人称自由地在馆内行走，体验真实的展馆氛围。

“网上世博会”不仅包括推介、导览的功能，还能通过浏览交互式的手段介绍有关世博会的大量的背景。此外，“网上直播”可以提供体验仿真、游戏互动和虚拟等手段，带领人们漫游世博园区，深入世博会展馆来体验感受，这是“网上世博会”最具特色的方面。

三、上海世博会的文化交流活动与论坛

上海世博会是一次规模空前的人类盛会，共有超过7308万人次的海内外游客参观，单日最大客流达到103.28万人。

（一）世界文化交流的盛会

在上海世博会184天会期中，共有超过1200个中外演出团体来园演出，节目总数超过1100个。世博园区共上演各类文化演出活动22900余场，累计吸引观众逾3400万人次。200多个国家、国际组织、城市、企业参展者精心准备的文艺活动，以及一大批具有民族、民间、民俗特色和浓郁地域文化特色的文艺节目，展示了世界文化的多样性和中华艺术的独特魅力（图3-24、图3-25）。

图3-24　2010年上海世博会大洋洲联合馆前的乐队演出

图3-25　2010年上海世博会花车巡游活动

（二）论坛与《上海宣言》

世博论坛直接演绎世博会主题，集中体现世博会精神遗产，也是展望未来的重要平台。上海世博会期间共举办了1场高峰论坛、6场主题论坛、1场青年高峰论坛与53场公众论坛。

2010年10月31日举行的上海世博会高峰论坛（图3-26）深入探讨了一系列与城市发展有关的问题，并发表了《上海宣言》，形成了对全球城市创新与可持续发展的共识。

图3-26　2010年上海世博会高峰论坛现场

第四章
现代欧洲会展

第一节　现代欧洲会展概况

欧洲是世界会展业的发源地。100多年的积累与发展使欧洲会展经济整体实力最强、规模最大。在这个地区中，德国、意大利、法国、英国都是世界级的会展业大国。东欧会展业的发展主要以俄罗斯、捷克等国家为代表。

一、会展产业竞争最激烈的地区

（一）世界会展产业最高水准的代表

欧洲目前是世界上会展产业竞争最激烈的地区。从总体上看，欧洲会展的质量、贸易效果和活动组织水平普遍高于其他地区，德国、法国、英国、意大利、西班牙、瑞士等国，不仅拥有许多著名的品牌会展，而且产业具有成熟度最高、产业集中度最高、活动组织水平最高的“三高”特点，代表着当今世界会展产业发展的最高水准。

有数据显示，欧洲每年要举办至少200个重要的国际展览以及3000多个国家和地区性的重要展览，接待大约100万名参展商和8000多万名参观者。

欧洲展览会规模巨大，参展商数量和观众人数众多，绝大多数世界性“航母”级超大型和行业顶级展览会都在欧洲举办。欧洲在全球化会展产业竞争格局中占有绝对优势。

据统计，2001年，欧洲全年举办1540个国际会议，占全世界会议市场的58%。在展览方面，目前国际上公认的300多个最知名的、展出面积在3万平方米以上的专业贸易展览会，其中2/3都在欧洲举办。此外，世界上最大的展览场馆绝大多数也都集中在欧洲。截至2002年1月，欧洲有24个超过10万平方米的展览场地，其中超过20万平方米的有7个（表4-1）。

表4-1 欧洲20万平方米以上的展览场馆

展览场馆名称	展览场地（平方米）	
	室内面积	室外面积
汉诺威（德国）	496963	58070
米兰（意大利）	375000	
法兰克福（德国）	320551	89436
科隆（德国）	286000	52000
杜塞尔多夫（德国）	234398	32500
巴黎（法国）	226011	
Valencia（西班牙）	220000	20675

资料来源：德国贸易展览业协会（AUMA）。

在欧洲举办的展会，其展出规模、参展商数量、国外参展比例、观众参观人数、专业观众比例和质量、贸易效果及相关服务质量等方面，均居世界领先地位。绝大多数世界性大型和行业顶级展览会都在欧洲地区举办。

21世纪初期，随着各国对展馆投资的不断增加、展馆条件的不断改善，目前欧洲展厅面积已超过1000万平方米，可主办约7000个不同规模的国际性、国家级和地区性的展览，可租用的展厅面积约为4000万平方米。从事会展的员工大约有2.5万名，不包含相关产业的总利润超过10亿欧元。

（二）欧洲会展产业的特色

纵观世界会展经济在全球的发展情况不难看出，一国会展经济实力和发展水平与该国综合经济实力和经济总体规模及服务业水平等息息相关；如其具有优势，那么该国在世界会展经济发展过程中将处于主导地位，占有绝对的优势。

受历史传统、地域和文化等诸多因素影响，欧洲各国在产业发展战略、市场运作方式、组织风格、市场化程度、政府参与形式以及会展活动消费习惯等方面，存在比较明显的差异，因而形成了各具特色的会展产业。

欧洲的经济特点是规模小于500人的中小型企业占主导地位，专业展览成为这些企业有效且较为廉价的营销方式和渠道。专业展览的专业化特点使展览空间更为集中，这也构成了欧洲会展的鲜明特点：75%的国际专业展览在展厅面积超过5万平方米的展览中举行。

随着世界各国和地区之间的经济、文化频繁交流，作为第三产业发展日趋成熟后出现的一种新型经济形态，会展经济已成为世界上许多发达国家国民经济新的经济增长点。会展业素有“城市的面包”和“触摸世界的窗口”之称，它不仅可以为会展举办城市带来巨大的直接和间接经济效益，而且能加强城市与外界的商贸、文化交流，推进城市基础设施建设，提高城市的知名度以及优化地区经济结构，因而受到了世界各国和地区的广泛重视，欧洲也是如此。

（三）现代欧洲的会议与节事活动

1. 创立于欧洲的国际会议组织

创立于欧洲的重要国际会议组织有两个：国际会议联盟（UIA）和国际大会与会议协会（ICCA）。

国际会议联盟（UIA）创建于1907年，总部在布鲁塞尔，是一个为全球组织提供会议信息的非营利性的先驱者，是全球国际性社团组织最主要的机构。有两大类的国际会议是国际会议联盟认可的国际会议：① 列入《UIA国际组织年度报告》名单的国际组织或国际协会举办的会议，对参会人员没有严格控制，但至少需要50个国际参会者；② 主办方是一个国家的协会，但同时满足以下条件：会期3天以上，国外参会者的最低比例是40%，参会者至少来自5个国家，同期有一个展览或至少300名参会者。

国际大会与会议协会（ICCA）于1963年在阿姆斯特丹创立，是国际会议市场最重要的国际组织之一，其年度报告的统计范围仅限于国际协会会议，它所统计的会议必须同时满足以下4个条件：① 主办单位只能是国际协会；② 至少50个参会者；③ 必须定期召开；④ 必须在3个或3个以上的国家轮流举办。

2. 在欧洲召开的国际会议

2007年6月，权威的国际会议协会（ICCA）公布了1997—2006年间所审核的世界范围内的会议数目。统计显示，在全球各地举办的所有国际会议中，84%以上的会议在1997—2006年间至少有几次都是在欧洲举行的。欧洲会议无论是在数量上还是在市场份额上都有增长，尤其是北欧的瑞典、芬兰、挪威、丹麦及冰岛等国家，召开的国际会议数量稳中有升。

从国家层面来说，在全球会事数量最多的10个国家里，有7个是欧洲国家（表4-2）。

从城市层面来说，在全球会事数量最多的10个城市里，有8个是欧洲城市（表4-3）。

综合国际会议联盟和国际大会与会议协会的相关统计数据来看，欧洲是目前国际会议的传统市场，占据着一半多的市场份额。在这个地区中，德国、西班牙、法国、英国等仍然是传统的会议目的地大国。

3. 现代欧洲的节事活动

按照节事活动的一般分类，可以将现代欧洲的节事活动分为三类：

重大节事 重大节事是指某一领域全球最大型的机会活动，规模宏大，周期性举办。著名的重大节事有奥林匹克运动会、世界杯足球赛、世界博览会、耶稣纪念日等。这些重大的节事活动常常选在欧洲举办，如2012年伦敦奥运会、2015年米兰世博会等。

表4-2 欧洲国家会事之于全球会事的比例（前30名）

单位：%

世界排名	国别	1997	1998	1999	2000	2001	2002	2003	2004	2005	2006
2	德国	5.8	5.4	6.3	6.6	5.8	5.5	5.3	5.7	5.6	5.7
3	英国	6.4	6.4	6.0	6.4	4.7	5.1	5.4	4.5	5.1	4.8
4	法国	5.5	5.5	5.2	5.6	5.1	4.4	4.7	5.0	4.6	4.6
5	西班牙	4.0	4.7	4.6	4.1	4.6	5.3	5.3	5.6	4.9	4.6
6	意大利	4.9	4.6	4.8	4.6	5.1	4.9	5.2	4.3	3.9	3.6
8	奥地利	2.1	2.4	2.2	2.1	2.1	2.0	2.7	2.5	2.8	3.5
10	荷兰	3.7	3.4	3.5	3.8	3.7	2.8	3.2	3.5	3.4	3.2
11	瑞士	2.3	2.1	1.8	2.1	2.1	2.7	2.8	2.3	2.7	2.8
15	瑞典	2.6	3.0	2.3	2.7	2.8	2.6	2.6	2.4	2.4	2.4
18	葡萄牙	1.6	2.8	1.2	1.6	1.9	2.0	2.3	2.0	1.9	2.0
19	希腊	1.6	1.6	1.7	1.1	1.7	2.1	1.5	1.7	1.7	1.9
20	匈牙利	1.6	1.3	1.5	1.5	1.1	1.6	1.4	1.6	1.8	1.8
21	芬兰	2.1	2.3	2.8	2.0	2.4	2.1	2.2	1.8	1.7	1.7
22	比利时	2.2	2.4	1.7	2.0	1.7	2.0	1.6	1.8	1.9	1.6
24	丹麦	2.0	2.1	2.0	1.7	2.3	2.4	1.8	1.6	1.5	1.5
24	捷克共和国	1.2	1.2	1.6	1.0	1.3	1.2	1.8	1.4	1.4	1.5
26	波兰	1.1	0.8	1.0	1.4	1.6	1.1	1.0	1.3	1.4	1.4
28	土耳其	0.9	0.6	1.0	0.7	1.1	0.9	1.1	1.2	1.3	1.2
30	挪威	1.5	1.4	1.8	1.6	1.5	1.5	1.7	1.4	1.2	1.2

不可模仿型节事 不可模仿型节事带有鲜明的主题特色，具有十分强烈的地方文化烙印，其特色是扎根于当地的传统文化土壤，使得该类节事难以易地，也少有竞争者，一般是周期性举办，举办地也相对固定不会更换。如德国的贝鲁希特节、法国的圣卡德琳节、英国的莎士比亚戏剧节、爱尔兰的圣派翠克节、西班牙的赛维亚圣周与奔牛节、比利时的抛猫节与瓦隆节、葡萄牙的托篮节、瑞典的露西亚节、荷兰的风车节、保加利亚的圣·索菲亚日、波兰的斯布特卡节等。

可模仿型节事 可模仿型节事包括普通主题的节事，没有特殊定位，与当地文化传统没有特别关联的节事活动。欧洲知名的这类节事活动有威尼斯电影节、柏林电影节、戛纳电影节、罗马电影节、米兰时装周、英国歌剧节、维也纳艺术节、意大利歌剧节、英国的世界小丑节等。

另外，可模仿型节事也包括定位特殊的一些节事活动，如维也纳新年音乐会、希腊的老人节，以及在一些国家举办的青年节、妇女节等。

表4-3 1997—2006年间全球前30大会展城市中欧洲城市的会事数目

单位：个

世界排名	城市	1997	1998	1999	2000	2001	2002	2003	2004	2005	2006
1	维也纳	47	73	65	63	63	74	99	116	135	147
2	巴黎	68	69	64	100	87	82	92	116	111	130
4	巴塞罗那	52	53	55	53	70	98	95	132	123	103
5	柏林	33	43	60	71	63	74	86	114	100	91
6	布达佩斯	49	40	48	52	45	70	65	86	87	86
8	布拉格	38	39	58	41	54	56	85	76	71	82
9	哥本哈根	44	62	59	48	71	92	62	77	76	69
9	里斯本	35	69	32	42	45	61	72	75	70	69
11	伦敦	63	54	54	80	58	66	67	66	74	68
12	阿姆斯特丹	55	62	55	63	55	63	57	76	85	67
13	斯德哥尔摩	46	66	43	61	61	73	67	70	73	65
17	伊斯坦布尔	23	16	24	27	32	33	45	47	53	55
19	马德里	37	68	45	54	49	51	59	64	63	52
20	布鲁塞尔	37	45	34	46	40	51	41	55	67	51
20	雅典	25	24	22	20	29	39	40	54	53	51
27	爱丁堡	42	39	36	46	33	47	44	39	52	46
28	日内瓦	22	25	12	27	19	41	38	39	48	44
30	赫尔辛基	34	40	58	48	58	43	64	52	39	40

二、欧洲会展国家和地区分类

纵观欧洲的会展业，根据综合实力以及在世界会展中的影响力等因素，可以将现代欧洲会展分为三大类，即会展强国、会展新兴国家和会展中等发展国家等。

（一）欧洲会展强国

欧洲成为世界会展业的巨头，与德国、法国、意大利等会展强国的支撑是分不开的。

德国是欧洲会展行业最为发达的国家，著名的会展企业有法兰克福展览公司、杜塞尔多夫展览公司、汉诺威展览公司、慕尼黑展览公司、科隆展览公司和柏林展览公司等。

与德国不一样，法国的展览公司不拥有场馆，而场地公司也不组办展会，不参与其经营。

意大利也是欧洲重要的展览国家。意大利展览会的创造力强，富于创新精神，其重要原因在于，展览会通常是由专业人员组织的，往往与该领域的企业协会或贸易协会联系，而不是由展览会场地所有者举办。

近年来，英国和西班牙在展览面积等方面也不断扩大投资，因而从某种意义上来说也被划分为欧洲会展强国之列。

这些会展强国具有一些整体的风格与特点，如数量多、规模大、历史悠久、国际性强、办展模式独特、注重组展细节、重视普通公众等。欧洲展会对欧洲经济产生了很多影响，如获得优质资源、提高主办城市知名度、带动地方经济发展、提升支持力度、增加就业机会等。另外，他们之间还存在着很多相似之处：

第一，具有很强的国际视野，对国际会展市场拥有很大的吸引力。在经济环境方面，具有居世界领先地位的行业，如法国和意大利的时装、意大利的奢侈品、德国的汽车和金属机械工业、英国的金融服务业、西班牙的食品加工业等。这些为专业展览的发展提供了极为雄厚的国内参展基础。

第二，具有宽阔的展览空间。有一些展览中心的面积甚至超过20万平方米。

第三，形成了以参观者为中心，具有跨行业优势的展览。

第四，展览馆管理的软件和硬件水平均已发展至成熟阶段。国家级专业展览协会如德国的“AUMA”，法国的“Foires Salon et Congress”，意大利的“AEFI”以及西班牙的“AFE”等，均在各自国家的会展中发挥了中流砥柱的作用。

第五，由于历史悠久，私有化程度较为缓慢，国有展览公司和组织商占较高比例。

第六，通过与会展相关的活动（宾馆、饭店、航空公司等），提升地区经济能力。

（二）欧洲会展新兴国家

2004年，波兰、斯洛文尼亚、匈牙利、马耳他、塞浦路斯、拉脱维亚、爱沙尼亚、立陶宛、捷克等相继加入欧盟。虽然它们与西欧会展强国存在着巨大差异，但它们在未来的会展业发展中具有强劲的实力。据估测，这些新兴国家的会展市场将会出现增长的态势，可以称为新兴的会展国家。这些以东欧为主要代表的新兴会展国家的主要特点包括：

（1）会展场馆的私有化程度提高了。其中私有化程度超过西欧国家的公司有布尔诺（Brno）和布达佩斯（Budapest）等。

（2）会展市场集中化程度高。主要会展公司平均占有国内会展份额达到50%以上。

（3）专业展览多，以参展商为中心，具有会展大国二十世纪七八十年代的特点。

（4）展馆的面积小于西欧大国的展馆，大扩建投资在不断地增加。

（5）举办带有东欧经济特色的展览，如居欧洲领先地位的金属加工业和林业等。

（6）由于展览成本相对较低，正受到西欧及以中国为代表的亚洲会展业界的关注。

（三）欧洲会展中等发展国家

欧洲会展中等发展国家是指介于会展强国与会展新兴国家之间的西欧各国与北欧国家。与会展强国相比，会展中等发展国家的国土面积较小或人口较为稀少，缺少参展商与参观者的基础。

欧洲会展中等发展国家的会展特征是：

表4-4　欧洲三种类型会展国家的主要特点比较

特 点	会展强国	新兴国家	中等国家
地理位置	西欧和中欧	东欧	西欧和北欧
展馆	专门场馆，展览面积大（拥有20万平方米以上）	大型展览中心，并发展成为专业展览中心	展览面积小，不能成为会展中心
会展私有化水平	非常低	高	非常高
会展业传统	悠久	一般	没有
国内会展趋势	稳定	发展中	稳定/下降
国际化程度	非常高	发展中	较低
国际影响力	高	高	低
展览类型	国家性和国际性跨行业展和专门展，且具有主导优势	国家性和国际性专门展，正在发展跨行业展	国家性专门展，消费品展为多数
管理焦点	以参展者为中心	以参展商为中心	以参展者为中心
管理技能	硬件和软件过硬，先进的行业协会	发展过程中	软件受会展规模所限，不需专门行业协会

（1）展馆面积小，很少拥有专门的会展场馆，通常使用宾馆或多功能会议中心。

（2）巡回展览比较多，展览更换频繁。

（3）所举办的展览对国际参展商和参观者无法构成巨大的吸引力，主要以国内和地方展览为主。

（4）跨行业的展览为主导，尤其以参观者为中心的展览为主体。

（5）专业展览的管理水平和软件技能水平较高，尤其是管理设施。

（6）与展览相关的地方经济及行业发展较为薄弱，如宾馆、饭店、机场等。

欧洲三种类型的会展国家的特点比较如表4-4所示。

三、欧洲的会展中心

德国、意大利、法国、英国、俄罗斯等国的会展业发展相对比较成熟，有着国际著名的会展城市、会展中心和品牌展会，在此不赘述。以下介绍西班牙和其他一些国家的会展中心。

（一）西班牙的现代会展与会展中心

西班牙会展业规模在欧洲仅次于德国、意大利、法国。

1. 西班牙的现代会展活动概况

根据西班牙马德里展览协会统计数据显示，进入21世纪以来，西班牙每年举办的展览超过400场，使用展场面积超过395万平方米，参展厂商11万多家。西班牙会议协会统计数据也显示，仅2002年西班牙就举办了12563场会议，吸引250多万人次与会。

西班牙是一个因丰富多彩的节日而闻名世界的国家，除了18个以红色字母出现在西班牙日历上的法定公共节日之外，还有全年在西班牙城镇和乡村庆祝的成百上千的地方节日，它们的范围有的只限于一个城市，甚至一个村庄：有盛行于整个基督教世界的宗教节日，如圣诞节、复活节等，更有反映西班牙历史和民风的节日。这些节日或庄严隆重，或诙谐幽默，不仅描绘了西班牙悠久而多彩的历史图景，也展示了西班牙人民热情奔放的民族性格和多样化的生活方式。

西班牙是世界上著名的“斗牛王国”。有人说：在西班牙没有不斗牛的节日，也没有不爱看斗牛的地区。近年来每年有5000万外国游客进入西班牙，而他们之中的大多数是奔着看斗牛而来的。

知识链接

西班牙的斗牛节

西班牙的斗牛历史悠久，13世纪时便有了斗牛节。现在，西班牙共有大小斗牛场400多个，最大的斗牛场可容纳2万人。每年斗牛次数达5000场以上。斗牛所用之牛是专门喂养的，放养于农村，尽可能让它们少见人。放养时间是4～6年。

斗牛要举行入场式。首先奏乐乐曲雄壮奔放。乐曲声中，斗牛士入场。他们身穿绣花紧身衣、紧腿裤，头戴三角帽。斗牛士一般20来名，他们的队伍由两名骑士率领绕场一周，向观众致意。这之后由主持宣布斗牛开始。

一场斗牛表演要有6头公牛出场，它们的体重在370～500公斤之间。每斗一头牛大约耗时20分钟。每头牛的名字、年龄和体重都由主持向观众进行介绍。斗牛士更少不了要介绍给观众。每当介绍到有名气的斗牛士时，全场会报以雷鸣般的掌声。

一个斗牛士水平的高低，不但要看他挑逗公牛的技术，而且要看他是否有一剑杀死公牛的本领。凡是能一剑结果公牛性命的，主持会当众宣布褒奖斗牛士牛耳一只；如果他挑逗动作一直出色，还奖给他牛尾一条。

东北部潘普洛纳市欢度圣费尔明（该城的守护神）奔牛活动节在每年7月7日至14日。节日期间，节日活动以牛为主旋律，奔牛是其中一项。这项活动在古城一条弯曲而狭窄、全程不足1000米的小街举行。上午8时，市府大楼对面的古教堂钟声响过，随着两声响亮的号令发出，10头巨牛冲上小街，它们膘肥体壮，凶悍无比。勇敢的斗牛手在人们的欢呼呐喊中涌在牛群周围，边跑边喊。奔牛手如果被牛撞倒，后果是很可怕的，几乎每个奔牛节都有伤亡的记录。斗牛节期间，潘普洛纳这个只有18万人的小城，在人与牛之间的危险游戏中尽情享受欢乐与刺激。

2. 西班牙的会展中心

西班牙主要展览会场地有首都马德里展览中心（IFEMA）、巴塞罗那展览中心及瓦伦西亚展览中心等。

马德里展览中心建立于1980年，由马德里市政府、马德里自治区政府、马德里商会和马德里储蓄银行共同出资建立和管理。目前是西班牙业绩最好的展览中心，在世界展览业上也占有重要的位置。该中心每年办展的数量已经超过60项，而且其中大部分属国际性知名展览。马德里展览中心展馆总面积近20万平方米，停车位达3500个（图4-1）。

图4–1　马德里国际展览中心

西班牙重要的展览中心还有瓦伦西亚展览中心和巴塞罗那展览中心等。

瓦伦西亚展览中心会场占地超过23万平方米，目前是西班牙最大的展览场馆。瓦伦西亚展览场馆是西班牙取得ISO9002国际认证的展场。每年为该地区带来的经济效益达6亿欧元。

巴塞罗那会展中心正进行扩建，建成后将成为西班牙最大的会展中心（34万平方米）。该展馆内相应设施一应俱全，不仅有咖啡馆、快餐店、停车场等，还有旅行社、邮局、航空公司售票处、警察局办事处等一切参展商和参观者可能会用得上的机构。

为了确立世界会展的地位，巴塞罗那会展中心自2004年11月起开始承办各种规模的节事及会议活动。2006年在巴塞罗那会展中心召开的重大会议有微软技术及网络技术论坛，这次论坛吸引了来自世界各地的8000多位代表参加：① 欧洲心脏病研究研讨会，这次会议有12000名代表出席；② 欧盟反风湿病研讨会，这次会议有12500名代表出席；③ 欧盟癌症研究大会，这次会议也有12500名代表出席；④ 第15届液化天然气大会，这次会议有2000名代表出席；⑤ SEAT产品的世界发布会，也有2250名代表参加；⑥ 每年一届的影星颁奖晚会和第50届西班牙电视节，都由巴塞罗那会展中心主办。

（二）布鲁塞尔会展中心

比利时布鲁塞尔会展中心（图4-2）是欧洲最大的展览会场地之一。从1935年成立至今，布鲁塞尔会展中心的每个展览厅都保持了其建造时期的历史建筑风格。每个展厅都很宽敞，留给展览会布置和设计者巨大的自由发挥空间，而且各个展厅间的衔接极其顺畅，这极大提高了场地利用的灵活性。当同时举办一些小型展览时，它们可以分别在几个展厅进行，每个展厅都可分离成为独立的个体。

图4-2 布鲁塞尔会展中心

布鲁塞尔会展中心目前已拥有12间装备现代化的会议室，包括一间可容纳2000名听众的礼堂，均配有WiFi（无线局域网）、控制室、翻译室、模拟空间等。欧洲有些场地只有展览空间，另一些只有会议场所，而布鲁塞尔会展中心兼而有之。会展中心能够承担贸易展、公共展会、公司会议、大型会议、研讨会等各种形式的会议和展览。活动组织者可以选择在大型会议的同时安排相关主题的展览，或可根据需求将同一展厅分隔成各个独立的区域。会议和展览在同一场地举行带来不少便利。与会者可以自由地在两个区域间走动，这就是布鲁塞尔会展中心的基本发展理念。比利时总人口有1000万，而每年就有700万人次前来参观布鲁塞尔会展中心。

地处欧洲中心的位置和发达的国际交通网络给布鲁塞尔会展中心带来了不少客源。有2000多家国际集团在布鲁塞尔设立其总部和欧洲事务部。布鲁塞尔成了欧洲经贸的可靠平台，从而促进了会展业的繁荣。目前，布鲁塞尔每年接待各类商贸洽谈会达1600次，成为举办各类交易会、展览会的重要战略地点。

1958年在布鲁塞尔会展中心举行的世界博览会，让会展中心由此闻名遐迩，展览厅从原有的5个扩展到12个。博览会上著名的“原子球”也成了会展中心的地标。这改变了外国人眼中布鲁塞尔的形象，比利时在一夜之间成了一个非常现代的国家。如今，布鲁塞尔不但是欧盟总部和北约总部的所在地，还是120多个官方国际组织、大约1400个非官方国际组织和160个国家的外交使团和贸易使团的驻地，被称为“欧洲的首都”。

布鲁塞尔会展中心作为欧洲老牌会展基地的地位，与比利时自身经济的优势所在是密不可分的。除了BATIBOUW，欧洲汽车展也是布鲁塞尔会展中心每年的重头戏之一。100多年来，比利时在国际汽车组装、生产行业一直居于领先地位。每年有约100万辆小汽车和9万辆左右的商用汽车、大巴和客车在比利时组装，生产密度高于底特律。在这样的产业背景下，每年一月举行、参展商达300多家的欧洲汽车展被誉为比利时汽车工业的“旗舰秀”。

在全球市场中，布鲁塞尔会展中心因低廉的场租而具有很高的竞争力。布鲁塞尔会展中心还提供“度身定制”式的服务，可以根据组织者的需要提供从市场到策划的一切服务。

（三）阿姆斯特丹RAI国际会展中心

荷兰阿姆斯特丹RAI国际会展中心始建于1893年，是荷兰最大的会展中心，也是目前欧洲规模和影响力最大的会展中心之一。它的核心业务包括主办大型会议活动、展览会和商品交易会，并为各类大型活动提供场所、设施，以及餐饮等各类相关服务。除此之外，作为对这些业务的支持，阿姆斯特丹RAI国际会展中心也提供酒店预订和展商服务，以及出版行业刊物。

阿姆斯特丹RAI国际会展中心每年都要承办超过50项重要国际会议、70项展览会和商品交易会以及1000多个中小型会议和活动（图4-3）。这座会展中心总占地面积达87000平方米。

作为荷兰最大的会展中心，阿姆斯特丹RAI共有11个多功能展馆（座位容量超过12900）和22个会议室（座位容量超过1750）。同时，会展中心距离斯基普（Schiphol）国际机场仅15分钟车程，并拥有为展馆专门设立的火车站点和码头，交通十分便捷。此外，阿姆斯特丹RAI国际会展中心周围有许多一流的酒店、餐馆及酒吧，而不远的市中心（10分钟路程）更是遍布美丽的运河、露天咖啡馆、名胜古迹以及各种娱乐场所。

由于阿姆斯特丹RAI在国际会展业的领先地位，以及它所面对的广大国际客源，自从21世纪以来，越来越多的国际展商开始有组织地参加由阿姆斯特丹RAI国际会展中心在阿姆斯特丹主办的各种主题的展会。著名的有荷兰阿姆斯特丹国际水处理展Aquatech等，展会涵盖了水处理包括净水和污水的各个方面,是欧洲乃至世界独一无二的水展。

（四）波兹南国际会展中心

波兹南位于波兰中西部的瓦尔塔河流域的平原上。全市面积261.3平方公里，人口60万，是大波兰地区的经济、科技、文化和金融中心，也是波兰最具经济活力的地区。目前，波兹南正努力发展成为“东方的苏黎世”。

波兹南是波兰最重要的商贸和展览城市，其展览业始于1921年。目前波兹南年举办展览面积占波兰全国一半以上的份额，波兹南国际会展中心（图4-4）

图4-3　阿姆斯特丹RAI国际会展中心展厅

图4-4　波兹南国际会展中心

拥有14个宽敞、带空调、可随意分割的大型展览厅，室内展场面积达11万平方米，室外展场达3.2万平方米。每年定期举办展览会、交易会超过60个，涉及建筑、农业、生态、工艺技术、安全、汽车、医药、通信技术、时装和美容、旅游、家居和室内装饰、教育等12个领域。

近年来，有不少国际品牌展在波兹南国际会展中心展出，如波兰国际农业展（Polagra Farm），它是波兰最大的农业综合展，在波兰及中东欧地区都有较大的影响。波兰国际农业展分饲养、田间（耕作）、园林和农村发展四大主题，涵盖了家禽、家畜饲养，粮食、果蔬生产，园艺开发以及农副土特产品生产等关系农业生产、农村社会发展的所有领域。2006年的统计显示，有来自法国、德国、英国、意大利、荷兰、韩国等21个国家的1300多家企业参展，展出总面积超过42000平方米。据展览主办方统计到会参观者超过8.5万人。多年的积累已使它成为该行业的相关企业占领中欧、东欧市场以至辐射整个欧洲市场的最佳展会平台之一。

（五）斯德哥尔摩国际展览中心

瑞典斯德哥尔摩国际展览中心的建造旨在为了方便参观者、展览公司及会议组织者。展览中心使参观者在流动的展览馆场地可以享受到美妙的参展经历。斯德哥尔摩国际展览中心有4个展览馆：圆球展览馆、Hovet大舞台、Annex大剧场、Soderstadion，总计能够容纳观众约44400人（表4-5）。

瑞典皇家科技机构的调查显示：2003年在斯德哥尔摩圆球展览馆举办的会议直接经济利润达4.3亿欧元；中心场馆平均每年举办会议250项，每年观众总量130万人次；在1988—2006年间，圆球展览中心总计举办会议4018场，观众总量达到了2266.7629万人次。在此举办的主要锦标赛有世界冰球、欧洲排球联赛、欧洲体操锦标赛、世界手球锦标赛、世界摔跤锦标赛、欧洲女子体操锦标赛、欧洲运动会、世界地掷球锦标赛、瑞典曲棍球大赛、GE晚会、斯德哥尔摩国际马术表演等。诺贝尔颁奖典礼、联合国成立50周年纪念大会等都曾在这里举行。

（六）伊斯坦布尔CNR展览中心

土耳其国土横跨欧亚大陆，土耳其的伊斯坦布尔CNR展览中心（图4-5）于1985年建立，具有优越的地理位置和一流的展厅，伊斯坦布尔CNR展览中心在过去20多年里一直是国内外主办者青睐的展览场所。伊斯坦布尔CNR展览中

表4-5　斯德哥尔摩国际展览中心场馆信息

圆球展览馆	圆顶建筑高度85米、宽度35米，圆形直径达110米；有4个主要入口，两个主要大厅，分别设有供参展商、参观者以及运动员、残疾人等通行的出入口；总建筑面积26万平方米
Hovet大舞台	可举行体育活动、公司活动、联谊会、音乐会等；可容纳8090人
Annex大剧场	展馆可举办展览会、展销会；音乐厅可举行音乐会、公司大会；音乐厅可容纳3950人，其看台可容纳2000人
Soderstadion	体育场，哈马比球场主场，可容纳16353人
国内会展趋势	稳定

心共有8个展厅，拥有150000平方米展览面积，每年至少举办65场展会，共有10万多名参展商以及300多万名观众。

土耳其皮革业一向以历史悠久著称，曾经一度为世界制裘业的中心，现在仍被誉为全球六大皮革市场之一。土耳其皮革质量优良、品种丰富、款式新颖，此外，其优越的地理位置更是得天独厚的优势。无论是原料采集，还是产品外销，都十分便利。加之劳动力便宜、加工成本相对较低，土耳其已成为欧洲众多国家及品牌的主要生产基地，有“世界皮革加工厂”的美称。

土耳其著名的展会有土耳其国际皮革、机械设备及鞋类博览会AYSAF等。博览会每年吸引超过400多家国内外企业参加，1万多名专业人士到访。在土耳其可以看到欧洲最新的流行款式、先进的加工技术、市场的消费趋势。

图4-5　伊斯坦布尔CNR展览中心

第二节 现代俄罗斯、捷克会展

一、现代俄罗斯会展

俄罗斯是世界上面积最大的国家。伴随着经济的持续增长，俄罗斯展览业呈现快速发展势头，展览市场群雄崛起、日趋繁荣。在莫斯科市、圣彼得堡市及俄联邦的一些区域中心城市，正在形成一些符合国际办展标准的实力雄厚、经验丰富的大型展览公司和一批专业性强、质量高、影响大的展览—交易会。多层次、多方位的展览活动，在繁荣市场的同时，为加强本国产品在国内和国际市场上的影响力和竞争力、进一步扩大国际经贸合作和促进本国经济结构的调整发挥了积极的作用。

（一）俄罗斯展览业市场的形成和现状

1989—1990年，俄罗斯展览业开始形成市场。随着俄罗斯经济私有化转轨进程，苏联时期莫斯科最大的国有展览公司“国际展览中心”在1992年进行股份制改造，按市场模式成为股份公司；随后驰名世界的苏联“国民经济成就展览馆”也进行股份制改造，并改名为“全俄展览 中心”。

同一时期，在私有化浪潮中，俄罗斯各地成立了一批各种规模和类型的展览公司。其中有些展览公司借助2000年后俄罗斯经济复兴和快速发展的势头加快扩张和发展，成为俄罗斯前十大展览公司。如目前莫斯科著名的“克洛库斯国际展览中心”就是成立于1990年，快速发展于2004年的。目前，该公司按所拥有的展览场馆现代化程度与每年承办和举办的展会数量已跃居俄罗斯十大展览公司之首。

在俄罗斯展览业市场形成过程中，国际上一些著名的展览公司，如英国的ITE国际展览公司、英国励展集团、德国汉诺威展览公司、德国杜塞尔多夫展览集团公司、法国里昂国际展览公司、法国爱博展览集团和意大利米兰展览公司均对俄罗斯展览市场表现出极大的兴趣。这些西方国家展览公司以其雄厚的经济实力和丰富的国际展览经验，并借助其著名的国际品牌轻车熟路地进入了俄罗斯展览市场。它们对促进俄罗斯展览业向专业化、国际化和市场化的方向发展起到了积极作用，促进形成了今天俄罗斯展览业市场的繁荣景象。

从2000年开始，俄罗斯展览业呈现出了快速发展的势头。目前在莫斯科、圣彼得堡已经形成了一些符合国际展览标准、实力雄厚、经验丰富的大型展览公司。如莫斯科的克洛库斯国际展览中心、国际展览中心、全俄展览中心、国际展览公司，圣彼得堡的圣彼得堡国际展览中心等。

此外，在俄罗斯联邦一些区域性大城市，如叶卡捷林堡、喀山、加里宁格勒、彼尔姆、萨马拉、乌法、新西伯利亚、哈巴拉夫斯克等也出现了一批高层次、多功能的展览公司和展览场馆。

近几年，每年在俄罗斯举办的各类展览和交易会均超过2500个，总展览面积约300万平方米，观众超过2100万；从2004年开始，国外的参展商与年剧增，每年均有约129个国家的23万多家企业来俄参展。按参展商数量排列，计有意大利、德国、波兰、土耳其、法国、中国、西班牙、芬兰、美国和捷克等国。

（二）俄罗斯展览业管理机构

俄罗斯展览业市场经过短短近20年的发展，在国际上取得了同行业瞩目的成就，除了其所选择的市场化、国际化道路外，还有一个重要原因，即较为健全的各个层面的展览业管理机构。俄罗斯展览业管理机构分为政府管理机构、联邦工商会管理机构和行业联合会管理机构3个层面：

1. 政府管理机构

俄政府下设俄罗斯联邦经济发展贸易部对外经济活动协调司展览处，2008年俄政府部门调整时，该机构被设置到俄罗斯工业贸易部对外贸易协调司。其主要职责是代行政府对俄罗斯展览业进行管理和监督，并参与国家间重大展览活动的组织和协调。如2006年2月在莫斯科举办的中国“国家展”，俄方组织机构就是由其牵头进行的。还有组织俄罗斯政府部门和大型企业赴国外参加重要展会活动，如2008年上半年俄罗斯联邦政府和地方政府部门赴广州参加第103届广交会“进口展区”活动也是该部门牵头组织的。

2. 联邦工商会管理机构

俄罗斯联邦工商会展览司是一个协调与咨询机构。其主要任务是：

（1）按国际规范和法律标准制定和完善俄罗斯展览业发展战略，促进俄罗斯展览业规范和健康发展。

（2）组织俄罗斯企业参加国际上重大展览会，组织俄罗斯企业参加在国外组织的俄罗斯国家展览会。

（3）给国内外展览企业提供合作平台，协调和帮助国内外展览企业在俄罗斯办展。

（4）与世界展览业协会及其他国际展览组织进行联系与合作，协调与独联体国家展览机构的展览活动，促进与俄罗斯展览业联合会的合作。

（5）促进俄罗斯展览业市场发展，给国内外展览企业提供咨询，培养展览业市场所需的专业人才。

根据以上5项主要任务，俄罗斯联邦工商会展览司借其遍布各地的85个俄罗斯联邦主体的工商会和下属的80个行业协会，积极参与组织和协调俄罗斯展览组织的活动，同时给国外展览机构提供咨询和帮助。如2010年俄罗斯展团参加上海世博会工作与俄方洽谈时，就是由俄罗斯联邦工商会展览司负责与中方谈判。

3. 行业联合会管理机构

俄罗斯展览业的行业协会是俄罗斯展览业联合会，成立于1991年，并于1994年加入世界展览业协会。目前有来自俄罗斯各个地区和独联体国家的80个会员单位，囊括了俄罗斯和独联体国家所有的主要展览公司，并与国际展览机构保持密切联系。其主要工作任务是：

（1）在国内外展览业市场上给俄罗斯展览公司提供帮助和支持。

（2）协调俄罗斯展览公司相互之间的关系。

（3）为俄罗斯展览公司提供法律咨询。

（4）为俄罗斯展览公司培训专业人才。

（5）开展国际展览公司间的联络活动。

（6）为俄罗斯展览公司提供信息帮助，每年出版《俄罗斯展览业》专刊。

国际展览—交易会联盟是俄展览市场商务活动的协调者之一。该组织于1991年由俄罗斯全俄展览中心、列宁格勒展览、西伯利亚展览和下新城交易会等展览组织创建。目前，该组织已有来自白俄罗斯、哈萨克斯坦、立陶宛、摩尔多瓦、乌克兰和俄罗斯33个地区的86个展览组织成员。该组织设立了展览会质量认证标志的门槛条件，即展览会至少举办过3次；至少有10%的参展商来自国外；展出面积不少于1000平方米；展会计划中应包含一些内部项目（指专题研讨会、产品推介会等），并应符合国际展会的要求和条件等。

（三）俄罗斯的主要展览场馆

在俄罗斯展览业市场上，主要的展览场馆和机构在莫斯科，其余分布在俄罗斯联邦的54个 地区。

1. 克洛库斯国际展览中心

莫斯科克洛库斯国际展览中心（图4-6）占地面积90公顷。从2001年开始建设，2004年3月建成1号馆和2号馆，2008年初建成3号馆。3个馆的总面积为548794平方米，拥有19个现代化展厅、49个会议厅、26000个车位。

克洛库斯展览中心根据最高端的国际建筑标准，使用先进建筑材料，设计并建设而成，可以举办各种行业的大型国际展览。克洛库斯展览中心有着相当发达的内部设施：储蓄银行分部和科洛库斯银行、服务中心、咖啡屋和饭店、出租车预订点、服装店，海关港和起重服务。最新的安全系统能保障组织者和展览者在展览期间内顺利工作。

目前从场馆设施的现代化程度以及每年办展的数量统计（每年在这里举办的约有150个各种类型的展览会），克洛库斯国际展览中心已位居俄罗斯展览业之首。近几年，特别是2006年2月在这里成功举办中国“国家展”后，中国企业在此办展数量也逐年增长。据统计，2008年超过60％的中国赴俄参展企业均在这里举办展览。

2. 全俄展览中心

全俄展览中心（图4-7）是由原苏联“国民经济成就展览馆”改名而来的，因此全面继承了原来的场地和展览馆。1959年建成开馆。

图4-6 莫斯科科洛库斯国际展览中心

图4-7 全俄展览中心大门

图4-8 全俄展览中心宇宙馆

图4-9 民族友谊喷泉

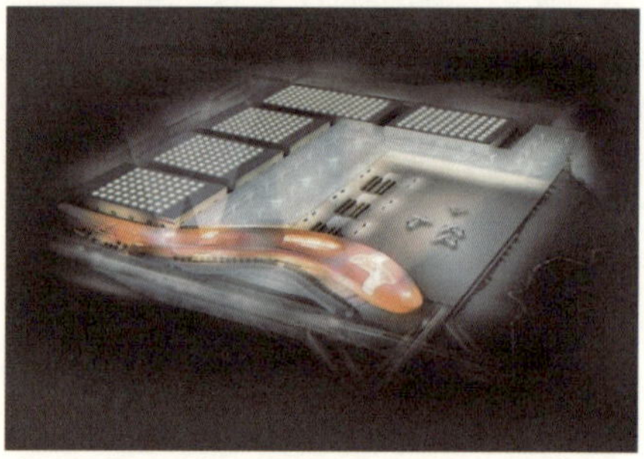

图4-10 圣彼得堡展览中心

该中心占地面积207公顷，是全俄罗斯展览场馆面积最大的展览中心之一，中心有76座不同风格的展馆。目前使用和举行展览的主要有20号展馆和57号展馆。20号展馆面积约1400平方米，分两层，上层面积1000平方米，下层400平方米。57号馆面积13700平方米。这里每年都举办一些俄罗斯传统文化和民间工艺品展览会，同时还经常举办一些生活用品综合展览会。

全俄展览中心宇宙馆（图4-8）外面陈列着一枚发射宇宙飞船的多节火箭。1961年4月12日，加加林就是乘坐这样的“东方号”宇宙飞船飞往太空的。

环境优美是因为这里有很多绿林和喷泉。民族友谊喷泉（图4-9），是一片金灿灿的，中间矗立着一个巨大的金麦穗，喷泉的水柱腾空，水珠溅落，声势浩大。周围是15尊镀金的各民族妇女铜像，手持各种果实，代表苏联15个加盟共和国各民族人民的友谊。

3. 俄罗斯圣彼得堡展览中心

圣彼得堡展览综合体是俄罗斯西北地区最大的展览场所，该中心占地总面积为56.4公顷，建筑底层面积420044平方米，总面积785890平方米，地下面积128750平方米。

圣彼得堡展览中心（图4-10）坐落在有“俄罗斯底特律”之称的舒沙雷村的旁边。东北方向是彼得堡公路，西北方向是普尔科夫斯基水库，场地北部则延伸到普尔科夫卡河。因此建筑建在城市和航空港之间，一条最繁忙的公路干线上，从展览物流角度来看，这是一个非常重要的优势。在圣彼得堡展览中心举办的著名涅瓦展览会，是全球五大造船工业展览会之一。

二、现代捷克会展

（一）概述

捷克靠近德国，自然受惠于会展业强国的影响。20世纪90年代后期以来，捷克会展业有了长足的发展，其增长速度为年均5%～8%。

2001年，捷克成立了全国行业协会，该行业协会收集了有关捷克共和国会展业的大量数据（表4-6）。数据显示：尽管自1999年以来捷克展会的数量有所下降，但是会展市场更趋于集中、趋于专业、趋于稳定。这构成了现代捷克会展业的一个显著特点。

捷克的展会参展商中，约有20%来自国外，外国投资者对捷克的兴趣逐年

表4-6　2001—2006年间的捷克会展业数据

项目＼年份	2001	2002	2003	2004	2005	2006
审定展会	63	59	58	59	68	54
总展览面积（平方米）	503430	436932	491756	482811	568152	1049064
参展商年度总数（家）	13872	13785	13954	14122	14600	16157
观众年度总数（人次）	1450173	1264997	1315650	1510435	1554915	1952859
单位展会的展览面积（平方米）	7990.95	7405.63	8478.55	8183.24	8355.18	19427.11
单位展会的参展商数量（家）	220.19	233.64	240.59	239.36	214.71	299.20
单位展会的观众数量（人次）	23018.62	21440.63	22683.62	25600.59	22866.40	36164.06

提升。从行业的吸引力方面来看，冶金、机械、设备和汽车等是国外参展商最关注的。

国际展览联盟在2005年将“国际会事”定义为：至少有10%的外国参展商和5%的外国参观者参与的会事。2007年捷克举办了37场国际会事，其中21场由捷克布鲁诺商展主办，10场由布拉格中心主办，这也证明了捷克会展的集中化趋势。在国际会事上，外国参展商的比例从2004年的14.5%上升到2007年的17.5%。

（二）捷克的会展中心

现代捷克会展趋于理性化的过程强化了一些会展旗舰中心的地位。2007年，捷克的前五大会展中心承办了90%的审定会议（表4-7）。同时，2007年，前十位的组织者占到展会总面积的75%。

1. 布鲁诺商展中心

布鲁诺是捷克的第二大城市，也是捷克最具代表性的商业大城市。布鲁诺商展中心为东欧最大也是最重要的商展中心，展览场地占地125000平方米，共有24个展馆。

布鲁诺BVV商展是中欧第一的会展中心和商展组织者，其中23个是中欧的顶级展会，中心能容纳110万参观者、1.25万家参展公司。会场总占地面积为

表4-7 2007年捷克的前五大会展中心数据

会展中心名称	展览面积（平方米）	占国内市场比重（%）	观众数量（人次）	占国内市场比重（%）	参展商数量（家）	占国内市场比重（%）
布鲁诺商展集团	460391	60.4	940035	48.7	9631	46.8
维斯塔维修特·契斯凯·布特组怀斯	96526	12.7	339618	8.8	1741	16.9
布拉格中心	94030	12.3	307556	18.9	3733	15.3
布拉格ABF会展中心	50262	6.6	137256	8.2	1616	6.8
维斯塔维修特·奥洛莫乌茨分区	——	——	135344	5.0	997	6.7
总计	701209	92.0	1859809	89.6	17718	92.5

66.7万平方米。每年展览共使用44.14平方米的展馆面积。

商展中心自1982年开馆迄今，经过多年扩建及发展，其建筑设计及现代化设备兼具实用性及艺术价值，在欧洲各大展馆中熠熠生辉。除了自行筹办常年的大型会议，还提供场地外租服务举办大型会议、运动赛事及音乐，例如2007年“滚石乐队”捷克演唱会、第14届中欧国家领袖高峰会及每年联合杯网球锦标赛都在此举行。

2001年11月，德国杜塞尔多夫展览公司出资并接管了布尔诺商展中心，使得在布尔诺商展中心举行的展览具有更大的国际影响。

展馆每年筹办约50个展会，展出总面积约67.1万平方米，带来1万名以上的参展厂商及100万名以上的买主及观展人潮，包括国际工业展、国际食品展、国际建筑展、国际包装印刷展、国际汽车大展、国际农业机械及技术展、国际计算机IT信息展、国际机床工具展、国际木工机械及技术展等。很多展览在中欧地区具有很大影响力，其中以第52届的MSV（捷克国际工业展）最受国际及中国厂商和买主瞩目。除此之外，STYL/KABO（捷克国际服装、面料暨鞋类展）、AUTOTEC（捷克国际汽车及零配件博览会）以及SPORTIFE（捷克国际运动及体育用品展）备受欢迎。

2. 布拉格展览中心

布拉格展览中心自1967年开始经营会展业务。1989年，由于捷克政府实行经济改革，布拉格场馆与布拉格特斯莱瓦中心组建联合股份公司。1992年在布拉格一家私有化露天游乐场的基础上改建，它的商业区域面积共750万平方米。

布拉格中心在侯索维斯展场每年要举办30场展览会事，吸引3000家参展商和23万参观者参与。

侯索维斯展场的全部空间占地40万平方米，由18所不同建筑组成。展览中心在工业宫（图4–11）内部，工业宫占地4.5万平方米，有两个主要展厅，一个为非直接参展商服务的大厅和4个服务厅。展览中心还可以为大型展览搭建移动展厅。

图4–11 布拉格工业宫

（三）“布拉格之春”国际音乐节

“布拉格之春”国际音乐节是一个有国际影响的音乐盛事。第二次世界大战结束后，对新生活的向往重新燃起捷克人的文化激情。1946年5月11日，为纪念捷克爱乐乐团成立50周年，为期三周的“布拉格之春”国际音乐节拉开帷幕。首届盛会吸引了各国音乐大师如肖斯塔科维奇、博恩斯坦、梅纽因和奥伊斯特拉赫前来参加。在随后的60多年中，马泽尔、卡拉扬、穆特、鲁宾斯坦等顶级乐人都曾与“布拉格之春”联系在一起，与其他音乐家共同造就了音乐节的辉煌历史。

自1952年始，在捷克音乐之父斯美塔那忌日5月12日这天，音乐节期间都会演出斯美塔那的名作——《我的祖国》交响诗，并成为传统曲目保留至今；与本土血脉相连的音乐家德沃夏克和雅纳切克的作品，以及与布拉格渊源颇深的莫扎特的作品也是音乐节的主要经典曲目。

布拉格之春音乐节每年都有不同的主题，最大特点是民族色彩鲜明。音乐节的另一传统项目是大提琴和风琴比赛，这也是一年一度重要的国际音乐竞赛。大提琴比赛尤其意义深远，因为最著名的《b小调大提琴协奏曲》就是由德沃夏克创作的，它也是比赛决赛阶段的指定曲目，由整支交响乐团合作参赛的年轻选手演出。先不论参赛者水平有多高，人们前来聆听比赛大多出于对德沃夏克及其作品深沉又热烈的爱，体现出音乐节浓厚的民族色彩，同时不断巩固着捷克音乐在世界乐坛的地位。

知识链接

布拉格秋季音乐节

于每年九月中旬到十月举行的“布拉格秋季音乐节”创立于1991年，是东欧第一个民间经营的国际性艺术节。音乐节除了捷克本地及世界知名的音乐家及团体演出外，还有歌剧、芭蕾舞等其他表演。表演场地多在国家剧院、史麦塔纳联邦剧院及鲁道夫音乐厅。除了一般的表演节目外,布拉格之春音乐节也致力于发掘乐坛新秀。

一年中，布拉格每个月都要主办一些国际性的文化活动，其中尤以各种音乐活动最为显著。此外，布拉格每年举办的音乐活动还有布拉格之冬古典音乐、歌剧和芭蕾舞表演（每年1月），国际捷克莫拉维亚铜管音乐节（每年6月），“老音乐之夏”（每年7月），布拉格和恩（每年8月），国际四重奏音乐节（每年8月），国际风琴音乐节（每年8~9月），国际小铜管乐节（每年9月），“布拉格之秋”国际音乐节（每年9~10月），圣瓦茨拉夫节民间颂礼音乐节（每年9月），国际爵士乐节（每年10月），国际学生管弦乐节（每年10月、11月），传统的布拉格城堡古典音乐节（每年10~12月），国际耶诞音乐节（每年11~12月）等。每年在布拉格举办的国际电影节也有3项之多，包括当代欧洲电影节（每年1~2月）、国际影视视频节目节（又译为菲比奥国际影展，每年3月）、“同一个世界”国际电影节（每年4月）。从1999年起，布拉格每年5月还举办国际流浪文化节，呈现出浓郁的吉卜赛风情。此外，在布拉格举行的年度文化活动还有布拉格世界国际图书展、国际木偶节、布拉格作家节（国际作家笔会）、莎士比亚之夏、威尔第传统歌剧节等。

三、现代东欧会展的发展趋势

东欧指欧洲东部地区。在自然地理上指东欧平原。东接乌拉尔山，西濒波罗的海，北临白海、巴伦支海，南毗黑海、亚速海和高加索山，平均海拔仅170米。政治地理上的东欧，指原苏联、波兰、原民主德国、原捷克和斯洛伐克、匈牙利、罗马尼亚、保加利亚、阿尔巴尼亚等国。联合国统计局将东欧定义为白俄罗斯、保加利亚、捷克共和国、匈牙利、波兰、摩尔多瓦、罗马尼亚、俄罗斯联邦（联合国统计局仅将地跨欧亚的俄国列为东欧国家，没有分别列为亚洲国家）、斯洛伐克、乌克兰等。

2007年12月，捷克等11国正式加入申根，捷克、波兰和匈牙利等国正以其蓬勃稳健发展的经济引领东欧国家进入新的领域，从西欧和其他国际和地区引进的投资和专业知识更进一步激发了东欧经济的复兴，会展经济也因此得以蓬勃发展。

东欧的会展以俄罗斯、捷克为代表，全球会展业快速发展的今天，东欧会展在私有化、专业化以及政府的功能定位等方面都呈现出可持续发展的态势。

（一）私有化促进了会展业的自由竞争

会展行业的自由竞争与达尔文进化论似的优胜劣汰并不意味着对会展业进行私有化，在发展初期，不加控制的私有化会展业可能无法完全实现其增长的潜力。虽然东欧各国经济体制和会展业的状况都不尽相同，但从俄罗斯、捷克等国家的会展情况来看，在已经相当完善的市场中，私有化发展趋势越来越明显。例如，布鲁诺贸易会展中心为了在生存在竞争中亮出自己的特色，在金属加工、汽车、林业等展会方面都完成了清晰的定位。

（二）专业化发展趋势

现代东欧会展发生了两个深刻的变化：一是会展业务进一步向大城市中的一些重要会展中心集中；二是跨国和国际竞争导致小型会展中心朝专业化方向发展。会展业的供需关系因为全球化的影响，在一些地区出现了明显的地区性转移。与此相对应，贸易展会的组织者们越来越多地在自有会展中心以外的地区举办展览会，以更好地锁定参展人群。

（三）政府的功能与会展业的可持续发展

从俄罗斯与捷克会展的发展来看，政府部门对于会展业的干预通常达不到预期的效果，原因是资源配置不合理、官僚体系反应迟钝等。但是，从举办顶尖水平的大型会展活动方面来看，会展企业与行业协会所起到的作用有限，政府又将发挥根本性的作用。因此，面对会展业的迅速发展以及全球性竞争的挑战，如何促进政府投入的公平性，促进整个行业的可持续发展，建立起一个最佳的环境平台，是亟待解决的问题。

第三节　现代英、法、意会展

一、现代英国会展

（一）概况

1. 政府扶持会展

英国政府十分重视会展业的发展，特别强调展览对于扩大出口所发挥的促进作用。政府主要通过财政手段来鼓励企业参加海外展览。英国政府对参展单位通常实行有针对性的费用补贴措施。

从20世纪70年代开始，英国政府就认识到会展业不仅本身极具经济价值，并且对旅游、贸易和投资、外汇增长及就业等产业有很好的拉动作用，于是英国政府将会展业作为重要产业予以扶持。1980年英国政府成立伦敦会议局，1990年英国各主要城市均建立了会议局，专门为会展业的发展提供咨询和服务。自此，英国会展业步入一个高速发展期。

英国政府还在20世纪80至90年代加大了基础设施投资，并在场馆建设方面给予资金支持。当时英国地方政府对会展场所建设的财政补贴达到其公共补贴的37.5%，其中33%的补贴投向了私营会展场所的建设。在政府的引导和支持下，英国形成了伦敦、伯明翰、格拉斯哥、爱丁堡等著名会展城市，而伦敦作为首都和政治、经济、文化中心，在举办展览会方面具有明显优势，英国每年超过30%的展览会在伦敦举办。伦敦会议局目前联系11家会展中心、150多家会议酒店，每年推动的伦敦会展直接收入高达20亿英镑。

2. 助推产业发展

进入新世纪以来，英国会展业不仅产业本身发展迅速，而且已成为连接金融服务、创意产业、旅游产业、基建和电子产业等英国经济支柱产业的重要纽带，同时呈现高度专业化、国际化的特点。

2008年英国会展业调查报告显示，会展业为英国创造了13.7万个工作机会，占英国就业人口的0.5%。英国每年通过各类会展吸引1700万国内外观众参展，产值近100亿英镑，每年税收收入就达10多亿英镑，并为酒店、餐馆、娱乐、交通等行业带来了近20亿英镑的收入，对英国经济做出了重要贡献。

英国会展业目前已扩展到20多个种类，250多个行业。因会展业几乎涉及所有行业，英国政府和会展业协会从一开始便有意建立与金融服务、旅游业、创意产业、节日经济、建筑业等支柱产业的多层次平台，将会展业打造成促进英国各主要产业发展的纽带。目前英国所有行业协会下都建立了会展业的联系单位，英国金融城、旅游局、创业园及各种节日经济都把会展作为其重要的推介手段，经过多年的实践，这些行业借助会展业平台，相互融合，形成了从金融服务、创意设计、会展刺激到带动旅游、贸易、娱乐等各行业的综合配套发展模式。

英国会展业也是促进英国旅游业发展的重要推进器。据英国旅游局统计，2008年前8个月，到访英国的外国旅客达3200万人次，总消费达164亿英镑，其中参加商务旅行活动的占27%，其消费占到访外国旅客总消费的28%。英国会展业对创意产业的刺激作用也十分明显，伦敦时装展就是很好的一例。据估计，一年两次的伦敦时装周，每年为伦敦市拉动消费达2000~5000万英镑，促进了英国2/3时装产品的出口。

3. 行业协会监管

由于英国政府对展览业不直接进行管理，因此，行业协会发挥着重要的作用。行业协会对各类展览服务单位都有明确的展览服务行为规范，包括展览组织、展馆场地和配套服务公司均有统一的行为规范。这些规定由各自的协会组织制定，对会员起指导和约束作用。例如，英国展览服务商协会规定，任何会员施工单位不能因为和客户发生纠纷而中途停止服务，从而影响用户正常展出。而展览组织者协会则规定会员单位发布的展览会统计数字、展览会介绍必须真实、准确，不能夸大贸易效果和误导参展公司和观众。

4. 完善的服务系统

完善的展览信息服务系统是展览企业获取有价值的信息并取得展览成功的关键。英国公司十分重视对信息资源的发掘、整理和使用，一般均有完善的数据库系统和用户服务系统。英国公司认为现有的客户是最好的客户，保持与现有客户的合作关系比发掘新客户更加重要。各公司建有完备的客户数据库，只要输入任何一个客户的编码，便可以查到全部的有关信息。信息库不仅用于场地或业务销售，同时也用于售后服务和财务管理，各业务部门的数据库联合构成强大的计算机网络服务系统。

5. 高度的国际化

英国会展业的国际化程度很高。源于英国的全球资源及其独特的国际视野，英国会展业一开始就呈现出国际化特点。英国几乎所有专业会展都尽量吸引更多外国公司和客商参展，使国际国内市场相接轨，甚至其专业展会的摊位也是依据参展商的产品类别而非国别划分。在举办大型会展时，英国会展商每次邀请的外国客商参展产品和人士都力争达到50%以上。

英国的展览组织者很多是大型展览公司，除在英国组织展览外，还大量在全球范围内开拓展览市场。展览的组织过程如场地销售和广告宣传往往通过全球代理合作伙伴完成。

由于与欧洲其他国家相比，英国会展成本较高，英国会展商通过市场重组，打造出国际著名的大型跨国会展集团，如励展博览集团、欧洲博闻、蒙哥马利展览公司等。这些大型会展集团积极开拓全球会展市场，在全球范围组织会展，每年都获得上亿美元利润。其中，励展博览集团是全球顶尖的会展公司之一，在世界各地设有33个分支机构，每年在世界38个国家和地区举办500多个大型展会，展会涵盖47个行业。这些展会每年成功吸引600万采购商和超过10万供货商，能促成上百亿美元的交易。

（二）英国的会展场馆

英国在做展览场馆统计时，室内展览面积在 2000平方米以上的展馆被称为“展览场地协会标准场地”。英国的展馆主要集中在伦敦、伯明翰、曼彻斯特、爱丁堡、卡迪夫等大城市。

英国会展场馆发展迅猛，1994年至1995年，英国会展中心数量较前猛增29%。目前英国已拥有4000～5000个大小会展场所，定期举办大型会展的展馆近500个，展馆总面积超过310万平方米。其中，大型展馆包括伦敦的Earls Court、奥林匹亚、商业设计中心和召开过“G20伦敦峰会”的Excel Centre展馆，以及伯明翰国家展览中心、曼彻斯特展览中心、苏格兰展览会议中心、爱丁堡皇家高地中心、卡迪夫国际竞技场等。

1. 伦敦商业设计中心展馆

伦敦商业设计中心（图4–12）的前身是皇家农业馆，离市中心很近。展馆面积为6000平方米，会议中心可容纳600名听众。商业设计中心优越的地理位置和灵活便利的展示空间，对于展览、大型会议及产品发布会，都是理想的选择。这里还可以提供1500人的大型宴会。近邻的希尔顿酒店可提供183个房间和285个停车位。另外，该中心具备便利的残疾人入口。

图4–12 伦敦商业设计中心展馆

2. 伦敦厄尔斯考特展馆

厄尔斯考特展馆的面积为61317平方米，是伦敦市中心最主要的展览馆。它有1号馆和2号馆两个馆。展馆

图4-13　伦敦厄尔斯考特展馆外景图

图4-14　伯明翰国际展览中心

分上下两层，内部可分隔，可同时举办4个展览会。国际展览业展会就在厄尔斯考特举办（图4-13）。

3．伯明翰国际展览中心

伯明翰国际展览中心（图4-14）建于1976年，目前是全欧洲规模最大的展览设施之一，展出面积近20万平方米，每年共举办180个左右的展览。与其配套的还有位于伯明翰市中心的国际会议中心，设11个会议大厅和10个小型会议室。该会议中心曾承办过工业化国家七国首脑会议，在欧洲排名第七。

4．苏格兰展览会议中心

苏格兰展览会议中心（图4-15）位于英国第三大城市格拉斯哥，可同时举行大型展览和会议活动。1995年开始重建，1999年完成，并新建了会议中心。

为提高展览场地的利用率，目前英国许多展览馆在改造和新建过程中都增加了场馆的分隔功能，可根据展出实际面积需要，将展馆进行相应的分隔，因此许多中小型的展览可以同时在一个展馆内举行而互不干扰。为了吸引用户，各展馆经营公司还普遍采用各种促销手段。例如展览组织者只需向厄尔斯考特展馆支付5%的场租押金，就可以使用场地举办展览，而95%的馆租余额可以在组织部门收到参展商费用后再行缴纳，这大大减轻了组织者的经济负担。这种缴费方式的流行充分反映了目前英国各展览场地之间的竞争已日趋激烈。随着科技的发展，现代化的展览手段不断出现，对展览馆的配套设施提出了更高的要求。英国各展馆目前广泛采用高科技和新技术，特别是加强了计算机和互联网上网设备的投入。

图4-15 苏格兰展览会议中心

（三）英国的节事活动

英国节事发展历史悠久，文化艺术类节事是英国节事的主要构成部分。到1981年，英国就拥有了200多个艺术类节事活动，1989年的英国官方年鉴提到了400多个艺术类节事。截至2005年，全年有650个专业艺术节在英国举行。其中，爱丁堡国际艺术节是世界上最为盛大的艺术节；诺丁山狂欢节也很知名。此外，英国还举办各种体育赛事，如温布尔登的网球“四大满贯”锦标赛、谢菲尔德的世界职业台球锦标赛等。

1. 英国爱丁堡艺术节

一年一度的爱丁堡艺术节（Edinburgh Arts Festival，图4-16）始于1947年，是世界大型综合性艺术节之一。其宗旨是加强欧洲国家间的文化交流，推广高雅艺术，为欧洲的和平和团结提供一个活动的舞台。后来由于不断有世界著名艺术家的参与，逐渐演变成一个雅俗共赏的艺术盛会。

起初，组织者只邀请一些著名的音乐家和剧团参加，但也有些剧团不请自到，并以其通俗化、喜剧化的表演吸引了不少观众。因此，爱丁堡艺术节是由两个艺术节组成的，一是“正式的”，另一个是“非正式”的。每年8月至9月初，组织者都会邀请来自英国及世界各地著名的歌舞艺术团体和个人到爱丁堡进行表演，时间大约持续3个星期。由于两者举行的时间大致相同，人们就把它们均视为爱丁堡艺术节的组成部分。此后，不仅戏剧、音乐，许多别的艺术门类也开始在此期间举行大型的节庆活动，使爱丁堡艺术节的规模越来越大。

爱丁堡艺术节的一个重要特色是外国民间艺术活动，成千上万的观众不仅能一睹

图4-16　爱丁堡艺术节

图4-17　诺丁山狂欢节

世界著名艺术家的风采，还能欣赏到当年最优秀的艺术表演。

2. 英国诺丁山狂欢节

诺丁山狂欢节（图4-17）是欧洲规模最大的街头文化艺术节，每年在英国伦敦西区诺丁山地区举行。诺丁山地区的黑人居民多半不是来自非洲，而是来自加勒比海或拉美地区。正是诺丁山的移民文化孕育了诺丁山狂欢节。20世纪60年代，聚居在诺丁山地区的西印度群岛移民因思乡情重而举办狂欢节，当时只是有一小群人穿着民族服装，敲着钢鼓在街上走一圈。几十年后，它已发展成为规模盛大的多元文化节日和伦敦最炙手可热的旅游项目之一。在世界各地的狂欢节中，其规模仅次于巴西里约热内卢狂欢节。

二、现代法国会展

（一）概况

法国是全球会展业最为发达的国家之一，也是重要的国际会议接待国。巴黎一直是全球举办国际会议最多的城市之一，每年接待各类国际会议之数量，在全球国际会议市场以及欧洲会议市场中都占有较高的比例。

法国每年要举办超过1400个展览会和100个博览会。其中全国性的展会和国际展约为175个，专业展有120个左右。法国拥有160万平方米的展馆，分布于80个城市。其中巴黎约有60万平方米，是法国展览业的中心城市（表4-8），其次为里昂、波尔多、里尔等城市。

法国拥有230家会展业协会，其主要成员包括展台设计、搭建，视听设备

表4-8 巴黎的主要展览场馆

展览场馆	面积（平方米）
巴黎凡尔赛门展览中心	227813
巴黎北维勒班展览中心	205669
巴黎布尔热展览中心	79602
巴黎会议中心	19460
巴黎拉德芳斯新工业和技术中心	17913
巴黎维莱特展览馆	13271
巴黎花卉园展览馆	11250
巴黎尚贝里中心	8857
巴黎卢浮宫展览馆	7125
巴黎科学与工业城	4370

供应、装饰，电气安装，环境清洁等公司。其营业额超过40亿法郎，员工达6000人。

知识链接

法国会展协会（FSCF）

为了建立一个有广泛代表性的行业机构，2001年法国展览协会和法国会议中心协会进行了合并，共同组织了法国会展协会。

法国会展协会由三大类企业组成，即会议和展览会主办机构、场馆、各种服务公司。根据 2001年的统计，协会共有223个企业参加，其中有40个会议中心、67个展览馆、75个大众性博览会组织机构、99个展览会组织机构、37个展览行业的专业服务公司，代表了法国85%的会展类企业。

法国会展协会的工作宗旨是为展览行业的发展创造一个良好的外部环境，同时为企业会员提供优质的服务。为了达到上述目的，协会开展多种形式的工作，如对展览行业以及不同类型的会展企业进行调查研究；对会展协会成员的展览和会议进行宣传和促进；加强和法国主管行政部门以及国内外有关机构的协调和联络；促进成员企业的专业化发展；组织培训和研讨会，提供法律援助等。为了在展览行业中建立公平的竞争环境，保证展览会的透明性，在法国财政部的批准下，协会成立了“统计认证办公室”（OJS）。这一机构的建立对法国展览业的发展起很好的促进作用。

根据国际会议联盟的资料（2000年），巴黎曾连续24年保持着世界会议举办次数冠军的荣誉。展会在全球各领域排名第一的多达7个（表4-9）。

进入新世纪以来，法国开始重视开发国际专业贸易展，综合性展览会的数量呈下降趋势。在巴黎举办的国际专业贸易展在展出面积、参展企业和参观人数等方面均有不同程度提高。

随着贸易世界化和欧洲一体化的发展，展览的国际化更加突出，展会的竞争日益加剧。在这种背景下，法国展览业加强了展会的国际化、品牌化以及集团化经营特色，增加国外参展商与参观客户的比例。据统计，法国有些著名的展会，其中国外参展商超过总数的50%，国外参观者占总数的15%以上。法国国际专业展的主要参与国及地区是欧盟、亚洲、美洲等（表4-10、表4-11）。

表4-9　巴黎在各领域内全球排名前三位的展会

行业	展会名称	全球排名
建筑	巴黎国际建材展	第一
农机	巴黎国际农牧业机械展	第一
成衣	巴黎成衣展	第一
纺织	第一视觉展	第一
内衣	巴黎国际内衣展	第一
食品	巴黎国际食品展	第一
航空	巴黎国际航空航天展	第一
汽车	巴黎世界汽车展	第二
包装	巴黎国际包装展	第二
汽车配件	巴黎国际汽车工业展	第二
土木工程	巴黎国际工程机械展	第二
环保	巴黎国际环保工业展	第二
眼镜	巴黎国际眼镜展	第二
船舶	巴黎国际船舶展	第二

（续表）

行业	展会名称	全球排名
装潢装饰	巴黎国际家居时尚展	第三
家具	巴黎家具展	第三

表4-10 按来源地理区域划分的法国展览会参展商人数统计（2004年）

地 域	百分比
欧盟	63.2%
亚洲	15.0%
美洲	9.9%
其他欧洲国家	5.2%
非洲	3.1%
澳大利亚-大洋洲	0.8%
其他无法确认的	2.7%

表4-11 按来源地理区域划分的法国展览会观众人数统计（2004年）

地 域	百分比
欧盟	64.0%
亚洲	13.5%
美洲	7.2%
其他欧洲国家	7.3%
非洲	6.4%
澳大利亚-大洋洲	0.8%
其他无法确认的	0.7%

（二）法国会展的发展趋势

图4-18 卢浮宫

法国会展业展馆设施由法国中央及地方政府投资建设，然后组成国有场馆公司负责展馆的经营管理。展览公司不拥有展馆设施，也不参与展馆经营，主要从事会展项目经营。这种“政府调控—展馆经营管理和会展项目经营—会展具体操作”的模式给法国会展带来了持续而稳定的发展（图4-18）。

1. 主办机构专业化

在20世纪五六十年代，法国许多专业性展会是由行业协会主办的。近年来，随着展会之间竞争的激烈化，越来越多的行业协会把自己的展览会卖给了专业展览公司，或者和专业展览公司合资组织股份公司，行业协会只保留一定量的股份，把展会的经营全部或部分交给展览公司经营。

2. 展览公司集团化

市场对展会的要求愈来愈高，这就要求展览公司做很大的投入，从资金、人力资源、国际网络等各方面提出越来越高的要求。小型展览公司往往会被大型展览公司兼并收购，由此形成了展览公司集团化的趋势。在法国，有13家大型展览企业的展览产值占展览总产值的2/3。目前在法国展览市场上，主要的集团是爱博展览集团、博闻集团、巴黎展览委员会、励展集团等。

3. 展会规模大型化

过去，在同一个经济领域内有许多展会并存。经过市场的优胜劣汰，现在众多的展览会已经消失，剩下的“强者”逐渐确立了自己的垄断地位。如食品领域的法国国际食品展、包装领域的巴黎国际包装展，在农业领域内有巴黎国际农牧业机械展。法国展览业相对稳定的展览市场已经形成。

4. 注重品牌展的维护

目前，在法国展览市场中具有垄断地位的品牌展会有许多，如巴黎国际建材展、巴黎国际食品展、巴黎国际农牧业机械农业展、巴黎国际包装展、法国葡萄酒展、欧洲面包糕点展、巴黎航空航天展以及环保展等都是国际著名品牌展会。

5. 展会进一步国际化

随着贸易世界化和欧洲一体化的发展，在法国举办的国际性专业展已不能满足于吸引法国的参观客户和参展商，必须在更大的地域范围内寻找客户，因此欧洲各国展会的竞争开始加剧。为了生存，法国的展会力求提高展会的国际化水平，增加国外参展商和参观客户的比例，力争使展会成为欧洲甚至全世界的龙头展。

6. 展会向高质量、高水平发展

为了保持自己在市场上的地位，展览公司在展会装修、展会活动、宣传报道等方面精益求精，把工作的重点放到参观观众的组织上来。参展公司花了很多经费参加展会主要是为了拓展销路和市场。

（三）法国会展案例

1. 巴黎航空展

巴黎航空展的正式名称为“巴黎—布尔歇国际航空航天展览会”，是世界上规模最大、最负盛名、历史悠久的国际航空航天展览会。巴黎航空展的组织者是法国航空航天工业协会（1985年第36届航展以前称为法国航空工业企业联合会），两年举办一次，在单数年的初夏举行，展览会场设在巴黎东北的布尔歇机场。

第一届航展于1909年9月25日开幕，随后每年举行一次。在两次世界大战期间，巴黎航空展被迫中断。但由于战争促使了航空工业的高速发展，战后航展迅速恢复了举办。巴黎航空展于1919年第6届以后改为每两年一次。2009年恰好是100周年，巴黎航展已经举办了48届，东道主法国派出了主力战斗机阵风进行精彩飞行表演。

2. 巴黎时装周

巴黎一直被誉为“时装中心的中心”，国际上公认的顶尖时装品牌总部大部分设在这里。从这里发出的信息是国际流行趋势的风向标，引领国际时装风潮。也正因为如此，巴黎时装周（图4-19）与纽约、米兰和伦敦时装周并称为全球四大时装周。时装周期间，全球各大时装品牌、知名服装设计师，以及服装设计界新锐，在巴黎向业界和公众展示他们的最新作品，携手引领时尚，打造流行。

3. 戛纳国际电影节

戛纳国际电影节，也译作康城（或坎城）电影节，是世界最大、最重要的电影节之一。1939年，法国为了对抗当时受意大利法西斯政权控制的威尼斯国际电影节，决定创办法国自己的国际电影节。第二次世界大战爆发使筹备工作停顿下来。战争结束后，于1946年9月20日在法国南部旅游胜地戛纳举办了首届电影

图4-19　2010巴黎时装周

节。自创办以来，除1948年、1950年停办和1968年中途停断外，每年举行一次，为期两周左右。原来每年9月举行，1951年起，为了在时间上争取早于威尼斯国际电影节，改在5月举行。1956年最高奖为“金鸭奖”，1957年起改为“金棕榈奖”，分别授予最佳故事片、纪录片、科教片、美术片等。此外，历年来还先后颁发过爱情心理电影、冒险侦探电影、音乐电影、传记片、娱乐片、处女作、导演、男女演员、编剧、摄影、剪辑等奖项。

图4–20　第63届法国戛纳国际电影节现场

戛纳电影节因大海（Sea）、美女（Sex）和阳光（Sun）而被称为“3S电影节”。每年盛事期间，在著名的海滨大道及附近的海滩上都会有众多美女云集，期待着影界大腕、星探们的发掘，以圆她们的明星梦。

电影节的活动一般分为6个单元，即“正式竞赛”、“导演双周”、“一种注视”、“影评人周”、“法国电影新貌”、“会外市场展”。有两组评审委员分别评审长片和短片。“正式竞赛”的部分由各国电影文化界人士组成，其人选都是颇有声望的导演、演员、编剧、影评人、配乐作曲家等，其中一名担任主席。非竞赛部分以提拔新人为主，其中“导演双周”及“一种注视”发掘了不少颇具潜力或业有成就的导演。

戛纳电影节自创办之日起，就得到法国外交部、教育部、国家电影中心的支持和资助。一般每届电影节的开幕式上，都有一名法国部长级的官员亲自出席并致辞。在戛纳50岁的大典上，法国前总统希拉克专程从巴黎飞抵戛纳致贺。

截至2010年，戛纳国际电影节（图4–20）已举办了63届。

三、现代意大利会展

（一）概况

意大利历史悠久，经济实力强大，是一个以加工业为主的国家。由于意大利享有“中小企业王国”的称号，众多中小企业是意大利的精神支柱，为了扩大出口，意大利每年在全国各地举办各类展览会，各类展会对宣传本国产品、加强技术交流与合作以及推动出口发挥了重要作用。

意大利的展览业较发达，展会对世界各国参展商颇具吸引力，一方面是因为其展览范围广泛，几乎涉及各个生产领域，并且重视展示领导市场潮流的新产品、新技术；另一方面也是由于其会展设施先进和会展服务项目齐全。

1. 展览概况

意大利每年约举行40个国际交易会，约700个全国和地方的交易会。单是国际交易会就有9万个厂商参展，观众人数达1000万之多，是欧洲办展最多的国家之一。其展出内容多为领导市场潮流的新产品、新技术，范围广泛，几乎涉及了各个生产领域。重要的生产领域，如时装业、家具与室内装饰业、机床和精密机床、木材加工和纺织机械等都把国际博览会作为向国际扩展的跳板。大型的展览会为意大利制造提供了定期在国际展览中组织新产品展出的最佳途径，大型展览会也是推出成熟的新产品准备参与国际竞争的最佳场所。这些高水平的展览会也使意大利成为国际交易会举办的重要地点。

意大利是一个传统文化气息浓郁的国家，它的展览业带有意大利独特的风格。在意大利的北部，米兰和波洛尼亚是市场经济比较发达的城市，展览多以综合性为主，而其他城市都是根据自己的优势举办一些特色展览。意大利的冰淇淋、时装、原油和大理石业最发达，这也是意大利特色展会举办的方向。

意大利展览会吸引人的地方，还在于它们范围广泛的服务。参展者可享用带有空调的展厅、自动电梯和活动通道、翻译服务以及信息交流服务（复印机、传真机、电话、计算机、互联网以及国际信息库）。还有自动接待系统，可以永久性地把观众的资料登记下来，参观者可以定期收到已参观过的参展交易会的信息。由于开放参展商通信名录，参观者今后几年还可以收到参展公司的文件、名录和小册子。

2. 主要展览城市

意大利大型国际展览会举办地点主要集中在米兰、波洛尼亚、巴里和维罗纳4个城市。

以维罗纳为例。维罗纳虽然只是靠近地中海的一座小城，但这里的烹饪、文化和农业展却是闻名世界的。维罗纳国际农业展就是其中比较成功的，该展览自1898年创办以来，在每年的3月都能够吸引700多家参展商和17.5万专业观众前来参展。展商覆盖种植业、渔业、畜牧业、酿酒业等几乎全部农业项目，展出面积达6万平方米。维罗纳同时还承办意大利大理石展，展品涵盖了天然大理石、人工大理石和大理石加工等。国际著名的大理石集团Marmomacc每年都要预定6万平方米的展位，并组织1100个参展商参展。同时，该大理石展上有40%的观众和1/3的参展商均来自国外。SIBA则是该地举办的一个国家级食品工业论坛，每逢奇数年，面包和酥油制造商们就会汇集到亚得里亚海滨，就意大利面食、意大利比萨的生产和国际贸易进行探讨。除了各种各样的食品展览外，还有Birra啤酒结合MIA食品原料展。

3. 展览协会组织

意大利的展览会大多不是由展览会场地所有者举办，而是由专业人员组织，往往是与该领域的企业协会或贸易协会联合。意大利的展览协会组织主要有：

（1）意大利展览协会。其主要由展览促进会（ASSOEXPO）、意大利家具展览组织委员会以及EIOM、BIAS等展览公司组成。这些公司每年组织约30次专业展览，涉及工业、服务业、商业和科技领域。所组织的主要展览有国际自动化、仪器仪表和微电子展；国际化工展、国际信息与通信技术展等。

（2）意大利工业展览委员会。意大利工业展览委员会（CFI）是意大利最大的行业代表性很强的专业展览会机构，其成员是工业家联合会中所有与展览有关的组织机构，例如直接或间接组织展览的工业家协会下属的公司，以及国家级展览中心所在的区域性联合会。该委员会受工业家联合会的特别委托，在联合会内的“国际化事务处”代表意大利各展览会公司。CFI的任务是在意大利国内和国外提高意大利展览业的地位，其最终目标是促进本国企业的国际化。为了实现这一目标，CFI力图通过优质的展览设施和服务水平及管理水平，使意大利展览会成为保持欧洲先进水平的展览会。CFI的展览会集中在米兰、佛罗伦萨和帕尔马法举办，总展览面积为80.6万平方米。主要展会有机械展、家具—建筑展、服装—纺织展、制鞋展、食品展、化妆品展、农业展、光学仪表展以及电子—安全展。

（3）意大利展览公司联合会。意大利展览公司联合会（AEFI）成立于1982年，有包括东方展览公司、波尔扎诺展览公司等在内的31家会员，他们均为拥有展览会场地产权的展览公司。联合会成员每年举办136个国际展览，238个全国性展览，140个地方性展览。

（二）意大利的展览中心

1. 米兰国际展览中心

米兰国际展览中心（图4-21）是意大利最大也是世界第二大展览馆。在这里，每年举办80个展览，其中最具影响力的是由米兰展览公司组织的国际知名的MACEF和CHIBI系列展。这些展览包括米兰家具和工艺品展、国际信息及通信技术博览会等。该中心有38个展馆，室内展馆面积达37.5万平方米，有10.4万平方米的屋顶和3万平方米的地下停车场。近年来，经过改建、扩建，整个展场面积已达百万平方米。米兰国际展览中心配有最先进的技术设备，采取了最先进的环保措施，所有展厅均为两层，展厅之间均用20米长和30米宽的玻璃封闭高架桥相连。下方是市区街道。展览中心还十分重视场地的服务和货物搬运工作，运货车在展厅内部行走，行车路线为专线，与观众的路线分开。在货物装卸区，有功率强大的通排风装置，还有许多货物升降机及先进的设施，堪称国际一流。

2. 东方展览中心

东方展览中心（图4-22）位于意大利东南端城市巴里，占地30万平方米，每年举办20多个展览会，其中知名的展会有国际样品博览会、东方农业博览会和东方建筑博览会。每年从意大利国内外来巴里的参展商超过5000家，观众约为200万人。展览涉及的行业有信息、出版、休闲、摄像、黄金制品、时装、机械、企业服务、运输、农业和建筑等。

图4-21 米兰国际展览中心

图4-22 东方展览中心

3. 维罗纳展览中心

维罗纳展览中心是意大利最古老、传统，最悠久的展览场所，拥有12座展厅，展厅面积达20.3万平方米，其中9.7万平方米配备各项服务设施。该中心除举办各类展览外，还在欧洲与古罗马剧场会议中心中组织各种会议。其中，意大利维罗纳国际石材展览会（图4-23）蜚声国内外。

4. 波洛尼亚展览中心

波洛尼亚展览中心（图4-24）是欧洲主要展览中心之一，共有74座展厅，展览面积达18万平方米，有11个内部会议厅与一个可容纳1万个车位的停车场。展览中心地理位置优越。该展览中心举办的几个专业展会在世界同类展览中占有非常重要的地位，每年举办大约30个专业展览会，其中15个具有国际领先水平。如一年一届的波洛尼亚国际建筑陶瓷卫浴设备展，是意大利规模最大的陶瓷类产品展览会，总展出面积超过15万平方米。

（三）意大利的会展案例

1. 米兰国际家具展

米兰国际家具展创办于1961年。米兰国际家具展被称为世界三大展览之一，有全球家具业的“奥林匹克”盛会之称。作为世界家具与家居设计的顶尖展会的米兰国际家具展与“米兰设计周”，是全世界家具、家居、建筑、服装、配饰、灯具、设计专业人士每年一度“朝圣”的设计圣地。自举办以来形成了米兰国际家具展、米兰国际灯具展、米兰国际家具半成品及配件展、卫星沙龙展等系列展览，它是全世界家具、配饰、灯具流行的风向标。米兰国际家具具展是现代家具时尚设计的前沿，不仅是向意大利出口家具的平台，也是全世界家具业界人士每年都热切期待的盛会。

图4-23　意大利维罗纳国际石材展览会

图4-24　波洛尼亚展览中心

目前，米兰家具展均在每年的4月中旬举行，包括每年举办的居家家具展和装饰配套展。其中每两年一次的灯具展是按奇数年举办，而厨房家具展和办公家具展则逢偶数年举办。

2009年的米兰国际家具展参展商总共有1370家，其中290家来自海外；展出面积达14.9871万平方米，观展人数达27.8万，其中有153456人来自海外（图4-25）。

2. 米兰国际时装周

米兰时装周是国际四大著名时装周之一（即米兰、巴黎、纽约、伦敦时装周），米兰时装周期间聚集着时尚界顶尖人物，上千家专业买手以及来自世界各地的专业媒体和风格潮流。作为世界四大时装周之一，意大利米兰时装周一直被认为是世界时装设计和消费潮流的“晴雨表”。

米兰国际时装周每年举办两次，分春夏时装周（9月、10月上旬）和秋冬时装周（2月、3月）。每次在大约一个月内相继举办300余场高水平的时装发布会。

一年一度的意大利米兰时装周，是世界顶级品牌和大牌设计师的超级聚会平台，每年来参加米兰时装周的品牌都是代表国家，并在本国是非常有影响力的品牌，参加的设计师也要求是在本国达到顶级综合标准的设计师。每年想要到米兰时装周做发布的品牌很多，但是来此做发布一定要经过时装周评审团的资格审评。评审团是由阿玛尼、华伦天奴这样的设计大师组成的。

3. 威尼斯电影节

威尼斯电影节是世界上第一个国际电影节，号称“国际电影节之父”，于1932年8月6日在意大利的名城威尼斯创办。其主要目的是提高电影艺术水平。1934年举办第2届之后定为每年8月底至9月初举行一次，为期两周。1943—1945年因第二次世界大战一度停办。大战结束后于1946年恢复举行。1932年至1942年，奖项分为最佳故事片、纪录片、短片、意大利影片、外国影片，以及最佳导演、编剧、男女演员、摄影、音乐等奖。此外，还有特别奖、综合奖、“墨索里尼杯”“双年节杯”等。1946—1948年，取消了“墨索里尼杯”。1949年增设

图4-25　米兰国际家具展

“圣马克金狮奖”“圣马克银狮奖”“圣马克铜狮奖”等。最高奖项是金狮奖（图4–26）。

威尼斯电影节与德国的柏林电影节、法国的戛纳电影节、加拿大的多伦多国际电影节以及捷克的卡罗维发利电影节是国际电影联合会认可的国际五大电影节，也是世界四大艺术电影节之一（其余三个分别为：德国柏林电影节、法国戛纳国际电影节、俄罗斯莫斯科电影节）。到2010年已举办了67届。

近20年来，先后有5名华人导演先后7次捧得金狮奖杯，其中张艺谋凭《秋菊打官司》（图4–27）和《一个都不能少》分别在1992年和1999年两捧金狮。贾樟柯2006年以《三峡好人》捧得金狮。巩俐和张艺谋还曾担任过威尼斯电影节的评委会主席。

图4–26　威尼斯电影节最高奖项——金狮奖奖杯

图4–27　华语获奖影片《秋菊打官司》

第五章
现代德国会展

第一节　现代德国会展概况

一、高度发达的会展业

德国地处欧洲中心，交通便捷，被称为“世界展览王国”。几乎所有的重要城市都有自己的会展中心，历史上德国曾拥有全球20%的展览面积。目前德国共拥有25个大型的展览中心，供展览使用的场馆总面积达到250万平方米，其中超过10万平方米的展览中心就有9个（表5-1）。

表5-1　德国超过10万平方米展览馆名单
（根据德国贸易展览会统计资料整理）

展览场馆所在城市	展览场地（平方米）		欧洲10万平方米以上展览场馆排名
	室内面积	室外面积	
汉诺威	496963	58070	1
法兰克福	320551	89436	3
科隆	286000	52000	4
杜塞尔多夫	234398	32500	5
慕尼黑	160000	280000	11

（续表）

展览场馆所在城市	展览场地（平方米）		欧洲10万平方米以上展览场馆排名
	室内面积	室外面积	
柏林	160000	100000	12
纽伦堡	150000		14
埃森	110000	20000	21
莱比锡	101200	33000	23

德国超过5万平方米的展览中心有5个，世界最大的4个展览中心就有3个在德国，最大的汉诺威展览中心展馆面积达到49万平方米。德国的展览中心不仅面积大，设施齐全，还十分注重与周围设施的配合，其周围的地铁、娱乐、文化等条件都十分方便。

德国展会的规模是世界一流的。每年全世界重要的150个专业展览会，有近120个是在德国举办的，占2/3以上；净展面积690万平方米，每个展览会平均展出面积超过5万平方米。据统计，2005年，德国境内共举办了141场国际性展览，展场面积为624万平方米，国际性展会参展商的数量为15806家，国内参展商数量为74058家，海外参展商达到84002家，展会参观人数为959万。2005年德国展览公司在国外共举办了166场展览，展出面积达到135万平方米。

按营业额排序，世界十大知名展览公司中，德国企业占到6个，分别是汉诺威展览有限公司、慕尼黑国际展览公司、法兰克福展览集团、柏林展览公司、科隆国际展览集团和杜塞尔多夫展览集团。在出国办展方面，目前德国展览机构在全世界的办事机构有近400个，已形成了全球网络化。

知识链接

慕尼黑国际博览集团

随着经济全球化的发展趋势，德国展览业根据市场需要，向全球地区扩展。以慕尼黑国际博览集团为例，1975年，该集团的子公司IMAG就同中国展开了合作，并在北京成功举办了第一个德国技术展览会。此后，平均每年组织20多个展团到中国参展。1995年，该集团同中国国际展览公司联合成立了中国展览业内的第一个合资公司—京慕国际展览公司；1997年，针对中国当时还没有一座符合大型国际展览会会场的现状，慕尼黑国际博览集团做出了一项有战略意义的决策，由慕尼黑国际博览集团与杜塞尔多夫和汉诺威展览公司联手，同上海浦东土地发展（控股）公司一起，在浦东合资建起了中国第一个具有世界级装备的一流专业展馆——上海新国际博览中心。这座展馆拥有17个展厅，总展览面积室内为20万平方米、室外为5万平方米。2000年，慕尼黑国际博览集团又在上海成立了全资子公司——慕尼黑展览咨询（上海）有限公司，把根深扎在中国。

二、完善的会展市场机制

德国是高度发达的工业国家，经济实力位居欧洲首位。在这种环境下，会展业得到了很大的发展空间。第二次世界大战后，联邦德国的经济制度已经发展为社会市场经济。国家在市场经济中主要负责调节任务、规定市场活动的框架条件，经济活动主要由市场决定。德国会展业在产业化的同时也实现了市场化的经营机制与运营模式，实现了会展业的优胜劣汰。

（一）会展产业链

经过100多年的发展，德国会展产业已经相当成熟。上至各级政府、行业协会的管理，下到展览公司、参展商、观众之间的多方协调以及专业会展人才教育、媒体合作、国际交流等外部支持，德国已经基本形成了一整套功能完备、核心突出、配套齐全的会展产业体系。

同时，德国会展企业也积极研究行业的价值链，紧紧抓住行业利润最丰厚的环节、大力发展增值服务，最大限度地发掘会展经济的利润空间。

（二）专业化运作

德国会展产业的一个非常突出的特点就是专业化。实行专业化运作，是德国会展业发达的一个重要原因。在目前，德国会展已经形成了以行业分工为主、地区分工为辅、面向全球的强大网络。

德国最重要的会展城市如汉诺威、法兰克福、慕尼黑、科隆、莱比锡、柏林、杜塞尔多夫等，通常都为会展产业开辟出一个特定的地区，构建专门的展厅。会展的主要形式已经不是综合性的博览，而是带有浓厚的专业性质。具有浓厚专业色彩的同时，规模庞大的博览会涉及各种产业，充分发挥了规模经济的效应，在实现专业化、产业化的同时也实现了行业的市场化运营机制。而在各个大型的会展场所与会展公司中也逐步形成了相对成熟的市场化的运营管理模式。

（三）市场化驱动

根据市场热点，不断地转换展览的主题与内容，这也是德国会展业长盛不衰的重要元素。第二次世界大战以后，德国展览会以机械、汽车和消费品等为主。20世纪80年代后，伴随着信息产业的兴起，德国展览会添加了相应内容，并培养出汉诺威信息技术展等世界名牌。近年来，一批新兴的房地产、生物、新能源等展会又开始逐步崛起。坚持不断创新，使德国会展成为世界新商品、新技术的展示平台，受到各国企业的广泛重视。

（四）灵活的运用网络

随着数字时代的到来，网络的飞速发展影响着德国的会展产业。博览会必须更多地同其他媒体进行较量，特别是互联网。德国博览会经济协会现在已经建立了完整的网络体系，在它的网址中，可查到关于德国和国外博览会的所有重要数据，现在的互联网已成为德国会展产业发展的有益补充。

德国会展组织者在过去几年中大大扩充了他们在国际网络中的空间，通过利用互联网收集有关博览会的信息，他们建立了大量的客户业务关系。自1998年以来，德国博览会就已经开始通过数据高速公路销售入场券、目录和产品信息数据。同时他们也在努力，希望通过提供行业信息、市场推销服务、论坛和与展览业务有关的平台进一步扩大服务范围。

比如德国博览会汉诺威股份公司，即汉诺威计算器及电子通信博览会和汉诺威博览会的组织者，有自己的全球网上业务信息系统，拥有两万个数据组和4万项产品登记的信息数据库。这些都有力地推动了德国会展产业的成熟与发展。

（五）一流的配套服务

德国展览会拥有足够的展馆面积、合理的展馆结构，交通便利，通信方便，同时辅以高科技手段，从而可以帮助参展商取得最好的展示效果。德国的博览会都配备了会议中心，服务设施先进齐备。

德国有一套成熟的展览服务运作模式，主办单位以服务客户的面目出现，按照市场化、商业化、专业化的要求进行运作，提供一站式服务。整个展览服务贯穿于展览会的展前、展中、展后等各个不同阶段。从展览设计、展台搭建与布置到信息资料、交通、运输、住宿、餐饮和旅游等服务项目，展览会承办方提供的配套服务均非常到位，为参展商与顾客提供了极大的方便。在许多展览城市，观众凭展览会门票可免费乘坐火车和公交车，他们在解决博览会期间的停车和交通拥堵问题及吸引企业和专业观众参展等方面积累了丰富的经验。一流的服务，不仅使参展商成功地达到参展目的，更为展览会培养了顾客忠诚度，树立了良好的品牌形象。

三、科学的会展管理体系

经过百余年的发展，德国会展产业已经形成政府积极引导，行业协会管理，展览公司、参展商、媒体协作的完整体系。由于展会对城市的经济发展和就业的拉动作用明显，不少地方政府把会展业作为本地的支柱产业，加强展馆及其配套的设备，完善交通设施，使会展硬件逐渐改善。德国已经基本形成了一套完整的功能完备，核心突出，配套齐全的会展产业体系。

（一）政府的角色

在欧美发达国家，政府并不直接参与展览会的组织和管理，而是对会展业的发展提供必要的支持，其主要表现在政策投入和经济投入两个 方面。

地方政府在当地会展业发展中进行有限的投入称为政策投入，如在税收、土地使用以及在招商引资等方面对会展业给予优惠的政策；经济投入，例如大型会展场馆的投资、土地投入等。指政府投资的部分以政府股份或政府委托企业的股份形式参与到场馆建设中，以减轻投资商的投资压力。

德国的会展中心全部由各州和地方政府投资兴建，会展公司由政府控股，实行企业化管理，展览公司既是展览中心的管理者，又是许多大型博览会的举办者和实施者。如汉诺威展览公司是由下萨州政府和汉诺威市政府分别控股。它既是汉诺威展览中心的拥有者，又是汉诺威工业博览会等大型展览会的举办者。法兰克福展览公司是德国最大的展览公司之一，市政府占其60%的股份，但不收取任何费用，盈利全部用于再投资，政府只从不断增加的税收中得到回报。这种做法不仅可以帮助展览公司迅速完成原始积累，也实现了国有资产保值增值的目标。

（二）协调管理机构

德国有一个政府授权的权威协调管理机构——德国经济展览会与博览会事务委员会，英文简称为AUMA，其参与制定德国国内外展览政策。

AUMA是德国全国性的行业协会，是代表德国政府进行宏观调控的唯一的会展管理机构，成立于1907年，总部设在科隆。AUMA是由参展商、购买者和博览组织者三股力量结合而成立的联合体。

德国会展业协会不是展会的组织或执行机构，而是一个服务和协调机构。展览业协会数据库包含了全球5500多个展会的信息，且不断更新。研究、评估和维护迅速膨胀的数据库也是展览业协会的主要任务之一。

AUMA的主要职能是：审定年度展览计划；严格审查和评定展览会的名称、内容；监督展览会服务；核查展览会组织者的能力和信誉；统计调查展览后效果；支持中小企业到海外参展。为确保德国展览会的透明化，AUMA制定了许多规章制度，并根据目前会展数量、质量、技术手段、目的、要求的改变进行调整、改进。AUMA同时还是政府和展览业之间沟通的桥梁，如AUMA请专家在世界各地对展会进行考察，并写成报告，为德国政府赞助本国企业出国参展提供了很好的建议和非常重要的参考作用。

在协调和确定每年的官方出国参展计划，特别是在争取增加出展预算、改进扶持的范畴及实施方式、提高扶持计划和资金使用效率等方面，德展览业协会都发挥着积极的作用，并与相关的联邦部一起担任国外参展项目的主办单位。协会内具体负责协调政府与经济界在国外参展事宜的是出国参展工作委员会，委员会由德国展览业协会、德国主要行业协会、联邦主管机构（如经济与劳动部、消费者保护、食品与农业部、外交部和联邦新闻署）的代表组成。

（三）管理科学化

在德国文化中，超前意识和周密计划是一切工作的前提。每个展览会的举办计划都是组织者与参展商、参观者、各个联合会及协会密切协商后制定出来的，而且会根据各行业不断变化的市场条件进行调整。在展会宣传方面，德国会展组织者注重长效机制，进行品牌化管理，即使展览会展位供不应求，他们也会继续投入力量进行宣传，以强化品牌。

（四）评估标准化

德国注重展会评估，其评估有一定的行业标准。在德国，举办方和参展方都比较倾向于从展前、展中、展后3个方面综合考虑，注重参展企业的选择，产品的选择，布展、参展人员素质，展台接待，展后跟踪等多方面因素的综合评价，而不是只专注于订单、人数等。

（五）人才专业化

德国的会展人才培养的方式有：① 在高等院校中开设会展专业课程，从事会展教育的教师中有一定数量的人是来自相关行业的管理人员在此兼职；② AUMA有完善的展览从业人员培训计划，不断加强展览从业人员的培训。分别通过课堂学习、工作实践、参与协会活动和考试等方式给予被培训人员各种机会，每完成一个专业测定就授予一定的分数，累积到一定分数后，协会将授予一个资格证书。严格、系统的人才培训为展览业的健康发展奠定了坚实的智力基础，使发达国家在展览业的竞争中始终占有绝对的优势。

第二节　德国会展产业的格局

一、德国会展产业分布

德国会展城市及会展中心的形成，一方面得益于政府的积极引导与扶持；另一方面，也与其深厚的历史相关。从中世纪的集市贸易至今，德国的会展业经历了800多年的历史沉淀，某种程度上已经成为德国经济的一种特色。会展产业是德国服务性经济的关键产业，其博览会年营业额超过20亿欧元。德国188个城市中，有49个城市作为主要产业予以扶持，遍布16个州。

德国会展产业北部沿莱茵河畔，南部环绕博登湖，以柏林、法兰克福、汉诺威、慕尼黑、斯图加特、科隆和杜塞尔多夫等城市为中心，辐射全国其他中小城市。德国会展产业格局，起源于各区域的产业结构自然分工，并在政府有意识的规划指导下逐步形成。

德国一批国际性大型展览中心城市的会展经济发展势头强劲，一批中小城市的会展经济也有自己的特点。

德国会展产业经济中心以州为圆心，每个州以一个或两个城市为会展城市的领头羊，带动其周边城市会展业的发展，会展城市群合理分布于全国（表5-2）。

表5-2 德国主要会展城市分布状况

所属区域	州	州 府	会展城市
东部	柏林（Berlin） 勃兰登堡（Brandenburg） 自由州萨克森（Freistaat Sachsen）	柏林（Berlin） 波茨坦（Potsdam） 德累斯顿（Schwerin）	柏林 波茨坦、巴特萨洛夫、科特布斯、莱比锡、德累斯顿、开姆尼次
东北部	梅克伦堡-前波美拉尼亚（Mecklenburg-Vorpommern）	什未林（Schwerin）	海利根达姆
北部	自由汉萨城市不来梅（Freie Hansestadt Bremen） 自由汉萨城市汉堡（Freie Hansestadt Hamburg） 石勒苏益格-荷尔斯泰因（Schleswig-Holstein）	不来梅（Bremen） 汉堡（Hamburg） 基尔（Kiel）	不来梅 汉堡 吕贝克
中部	黑森（Hessen） 萨克森-安哈尔特（Sachsen-anhalt） 自由州图林根（Freistaat Thuringen）	威斯巴登（Wiesbarden） 马格德保（Magdeburg） 埃尔富特（Erfurt）	威斯巴登、法兰克福、卡塞尔、达姆施塔特 马格德保、哈勒 埃尔富特
西北部	下萨克森（Niedersachsen）	汉诺威（Hannover）	汉诺威、布伦瑞克
西部	北莱茵-威斯特法伦（Nordrhenin-Westfalen） 莱茵兰-普法尔茨（Rheinland-Pfalz） 萨尔（Saarland）	杜塞尔多夫（Dusseldorf） 美因茨（Mainz） 萨尔布吕肯（Saarbrucken）	杜塞尔多夫、科隆、波恩、埃森、索特蒙德、明斯特、杜伊斯堡、比勒菲尔德、诺伊斯 美因茨 萨尔布吕肯

（续表）

所属区域	州	州府	会展城市
东南部	自由州拜恩（Freistaat Bayern）	慕尼黑（Munchen）	慕尼黑、纽伦堡、维尔茨堡、奥格斯堡、安贝格、罗森海姆、林道
西南部	巴登-符腾堡州（Baden-Wurttemberg）	斯图加特（Stuttgart）	斯图加特、海德堡、曼海姆、科尔斯鲁厄、巴登-巴登、弗莱堡、乌尔姆、康斯坦茨、普福尔茨海姆、罗伊特林根、辛德芬根

二、德国的会展城市与特点

德国各州著名会展城市及其会展卫星城市的会展极具特色，定位明确、错位发展，相辅相成，具有极大的不可替代性。

（一）柏林

柏林是全球十大会展城市之一（图5-1），以工业博览会、消费品博览会、旅游博览会、家居用品行业博览会等著称，是名副其实的博览会城市。在柏林，引起世界关注的展览会有国际航空航天展览会（ILA）、绿色周（农业与食品业）、国际旅游交易会、国际无线电展览会等。

（二）巴伐利亚州

巴伐利亚州拥有慕尼黑、纽伦堡、维尔茨堡、奥格斯堡、安贝格、罗森海姆、林道7个会展城市，尤以慕尼黑最为著名。

慕尼黑是巴伐利亚自由邦的首府，是德国高科技中心，是IT产业以及通信技术领域、媒体经济、金融、生命科学的引领地区。慕尼黑拥有展示投资、消费品和高新技术的专业博览会，是引领世界的博览会城市之一。

慕尼黑拥有高度现代化的世界一流展馆。1998年2月12日正式对外开放的新慕尼黑贸易展览中心，展厅面积为20万平方米，室外还有18万平方米大小的展览空间，可用作停车场（图5-2）。

在慕尼黑举办的影响较大、重要的展会有国际建筑机械博览会（BAUMA）、

图5-1　柏林的象征——勃兰登堡门

图5-2　慕尼黑新国际展览中心

饮料技术展览会（DRINKTEC）、国际体育用品博览会（ISPO）以及国际手工业博览会等。

（三）汉堡

汉堡是德国第二大城市，海洋工业、再生能源、航空和美食以及酒店业是其展览的重要主题。国际船舶制造、船舶机械和技术博览会是世界船舶制造业、海事工业方面最高级别的博览会（图5-3）。

（四）海森州

海森州法兰克福的德意志图书馆被喻为“德国最大的书柜”。每年在法兰克福举行的颁布德国书业和平奖的国际图书博览会是世界上最大的书展；在卡塞尔举办的则是全球首屈一指的介绍当代艺术的“国际当代艺术展览”。

法兰克福展览中心（图5-4）是世界第三大展场，由10个展览厅组成，占地面积约47万平方米，其中室内展场为32.1万平方米，室外展厅为9万平方米。每年在这里共举办50多个展览会，其中汽车展、春秋两季消费品展都是世界同类展览中规模最大的。

（五）下萨克森州

下萨克森州拥有汉诺威和布伦瑞克两个会展城市。汉诺威是下萨克森州首府和展会之都。汉诺威的德国博览会公司是德国最著名的展览公司，也是国际国内顶尖博览会主办团体之一。

汉诺威是世界最著名的“展览之都”，拥有世界上两个最大的博览会——汉诺威工业博览会和信息及通信技术博览会（CEBIT）。汉诺威其他重要的展览还有金属加工博览会（EMO）、国际汽车—商用车展览会（IAA）、木材和

图5-3 汉堡会议中心

图5-4 法兰克福展览中心

林业展览会（LIGNA）以及汉诺威电脑与通信博览会、汉诺威地毯及地面铺装博览会等。

汉诺威展览中心（图5-5）是世界最大的展览场馆，整个场地占地100万平方米，共有27个展馆，室内展览面积达到49.8万平方米，室外展览面积则为5.8万平方米。汉诺威展览中心交通非常方便，北面和东面各有一条地铁干线，还有连通法兰克福、汉诺威和汉堡的德国南北干线的火车站。展场的停车场可停放5万辆车。

（六）北莱茵—威斯特法伦州

北莱茵—威斯特法伦州有杜塞尔多夫、科隆、波恩、艾森、多特蒙德、明斯特、杜伊斯堡、比勒菲尔德、诺伊斯9个会展城市。

杜塞尔多夫这座莱茵河畔的大都市，是信息通信技术、媒体和广告业的中心。杜塞尔多夫的主要优势首先在于机械与配件业、医疗与保健业以及时尚和家居业。杜塞尔多夫的国际时装博览会更是下一季服装的风向标。世界医疗论坛是世界上最大的博览会，展会的重点主题是医疗技术和实验室技术、门诊需求和医院需求以及医疗设备。

杜塞尔多夫重要的展会还有印刷与纸张塑料博览会（DRUPA）、计量技术与与自动化博览会（INTERKAMA）、包装技术博览会（INTERQACK）以及国际时装博览会等。

德国杜塞尔多夫展览中心（图5-6）成立于1947年，现有雇员600人左右。迄今在杜塞尔多夫举办的约40个业界第一大展览盛会上，共有3.01万家参展商，在17个展厅的23.4万平方米的总展览面积上向156万观众展示了其产品和服务。

图5-5　汉诺威展览中心

图5-6　杜塞尔多夫展览中心

科隆的世界著名博览会有国际食品市场（ANUGA）、国际图像博览会（PHOTOKINA）、国际家具博览会以及其他如男子时装、家庭用具、五金制品、自行车与摩托车等方面的专业博览会。科隆国际艺术博览会是现代艺术和当代艺术方面在国际上具有相当知名度的画廊。世界食品博览会涉及领域主要是食品经济（食品和奢侈品）、美食和商店设备。国际牙科医疗及技术展是该领域国际最高级别的博览会，主题为牙科技术和牙科医疗。

三、德国的会议产业与节事活动

（一）德国的会议产业

德国地处欧洲中心地带，具有作为会议举办地最为重要的地理优势，尤其是具有欧洲交通枢纽功能的法兰克福机场对德国会议产业起到了积极的推动作用。德国具有的良好城市基础设施和发达的公共交通系统为其会议业的发展奠定了良好的基础。德国丰富而独特的历史文化资源使会议业在国际市场上具有极强的竞争力。根据国际会议协会（ICCA）2007年4月公布的最受欢迎会议举办国排名，德国排名为欧洲第一、世界第二。

1. 基本情况

德国现有的大型会议举办场所有1.105万个。其中，有1.026万个为酒店宾馆，420个为会议中心，330个分布在各大学，还有近40个分布在各大机场。其他可供选择的各类会议活动场所大约有6.3万个。其中6％的会议举办地（660个）可以举办500人以上规模的会议。除了专门的会议场馆，德国还拥有1500处匠心独具的场所可供选择，如修道院、庄园、博物馆、现代化的主题公园或者海洋性会场等。从会议举办地角度划分，87％的会议集中在3星级、4星级酒店。

2. 产业划分

新世纪以来，德国每年举办的各类会议活动已超过100万个。

从会议组织者角度划分，大约2/3的会议为商业性会议，其余1/3的会议为行业性会议、协会会议及各类学术性会议。所有会议的总平均会期是1.6天，60%的会议的会期为1天，1.5%的会议会期超过3天，培训性质的会议会期一般不超过3天。会议平均规模为48名参会人员，超过1000名参会人员的会议达到1.5万场，约占会议总数的1%。

从会议使用场地来划分，全年举行的会议和活动，其中88%的会议在酒店举办，9%的会议和大型活动为展览伴随型会议。

从与会人员来源情况看，各类会议的国际化色彩逐年增加。与此同时，德国以外的会议组织者在德国举办会议的比例呈逐年递增趋势。

3. 德国第一大会议城市——柏林

德国首都柏林在会议行业走在全德的最前列，根据国际会议协会（ICCA）2007年公布的最新国际会议举办数量全球城市排名中，柏林位于维也纳、巴黎、新加坡和巴塞罗纳之后，名列第五。

2006年柏林会议行业总共提供了2.61万个全职就业位置。2007年，在柏林举办的各类会议数量达到9.04万个，参会人数为600万，每个大型会议平均参会人数近400人。

柏林国际会议中心是欧洲最大、最现代化的专业会议中心，该会议中心整体建筑长320米，宽80米，高40米，建筑面积为25600平方米。整个会议中心有80个大小不等的多功能会议室，座位数量从20～9100个不等，会议中心拥有最现代化的会议视听设备，可以满足各类会议的需求。该会议中心还有5500平方米的展览场地，可以满足展览伴随型会议的需求。

柏林国际会议中心（图5-7）旁边即是16万平方米的柏林展览中心，可以灵活地承办更多的展览伴随型会议。

（二）德国的节事活动

1. 基本情况

德国有着丰富多彩的传统节事活动，据不完全统计，德国大大小小的民间

图5-7 柏林国际会展中心

图5-8 德国狂欢节搞怪各国领导人

节庆有1000多个，平均每天就有3个节日。节日庆祝的范围小到村镇，大至全国乃至全世界，如全国性的圣诞节、狂欢节、复活节、射手节等；地域性的有慕尼黑的啤酒节、斯图加特的感恩节、巴伐利亚的民间服饰节；行会之间也有很多的节事活动，如五朔节、渔民节、牧羊人节、厨师节、葡萄农节等。就城市来说，法兰克福可以说是德国节事活动最集中的地区之一（表5-3）。

2. 狂欢节

狂欢节是德国一个古老的传统节日，有关节日的来历众说不一。从每年的11月11日11时起狂欢节就开始了，一直到第二年的复活节为止，前后要持续两三个月。但是它的高潮是在最后一个星期，特别是这周的前三天，在这发狂的三天，德国的狂欢节达到了顶峰：他们进行化装大游行，进行大型的狂欢集会和舞会。

德国的杜塞尔多夫狂欢节是欧洲参加人数最多和最热闹的狂欢节之一。数千人的游行队伍和上百万的参观者共享着美味的啤酒和欢乐的氛围，大家叫着、笑着、闹着、舞着。如果不堪忍受室外的寒冷，也可以到酒吧去肆意狂欢，搞怪各国领导人（图5-8）等。

波恩是莱茵地区女人狂欢节的发源地。早在1824年在博伊尔区从事洗衣工作的妇女中就有了这样的风俗，即每年要逼迫男人交出权力以及表达对不堪重负的体力劳动的反抗。

女人狂欢节是德国传统狂欢节的一个高潮部分。女人狂欢节的风俗是：女性可以随便剪断男人的领带——它代表着男性权威，男人们就只好戴着被剪剩的一截领带狼狈地四处招摇。女人们会成群结队冲进市政大厅，“占领”市长

表5–3 德国法兰克福主要节事活动情况

节事名称	时间	基本情况	备 注
法兰克福电影节	1月第二周	2002年1月在法兰克福举办了第一届国际电影节，来自全世界的电影明星和电影制造商以及来自世界各国的电影爱好者们聚集法兰克福	为期8天
法兰克福市民舞会	2月	法兰克福最热闹的舞会。届时市民们男士穿着西装、女士穿上礼服前去，还有许多德国政治界、经济界、新闻界和文化界的名人前往	又称老歌剧院舞会
锅子节	3～4月	本来是法兰克福一个卖锅子的展销会，后来发展成了法兰克福最大的民间节日。届时广场上到处都是售货棚、帐篷及供儿童玩乐的各类游乐场等	结束时要放烟火
小森林欢庆节	5月	在法兰克福的南边区域，属于区域性节日，早在歌德时代就已经存在。人们坐在野外的长凳上，围着桌子喝酒聊天，周围有猜奖、打气枪等娱乐项目以及儿童游乐场	“绿色环保”节日
摩天大厦节	5月	法兰克福摩天大厦林立，是欧洲摩天大厦最集中的城市。节日的周末，法兰克福的15座摩天大厦对旅客免费开放，游客先后爬到摩天大厦的最高层，在云天上俯瞰法兰克福全景。在街道上，有众多演出团体和小食摊，热闹非凡。到了晚上，美茵河两岸霓虹灯通明，还有许多演唱节目	在深夜结束时，要放烟火，星夜通明
苹果酒节	6月	法兰克福区域盛产苹果，所以苹果酒成了法兰克福人的家乡酒。这个节日是在市中心的罗马广场举行的，每年都有法兰克福市的名人担任灯笼和苹果酒女皇	
法兰克福之声	7月的一个周六	在法兰克福的各个地方举行露天演唱会，共达70场之多	整个节日12个小时

（续表）

节事名称	时间	基本情况	备 注
美茵河节	7～8月	在美茵河的南岸，铁桥和下美茵桥之间，一直连续到罗马广场。在节日期间的4天中，道路不能通车，只能步行	1393年就有记载
博物馆河岸节	8月	法兰克福的博物馆众多，仅仅在美茵河畔就有10多个，于是由河岸的博物馆发起了“博物馆河岸节”，全城为之响应，成为法兰克福最大的民间节日之一	连续举行3天
圣诞市场	11月	位于雷玛贝格广场、保罗广场	

办公室，“俘虏”市长并宣布接管政权，然后宣告街头狂欢正式开始。整个过程充满浪漫、快乐的色彩。

3. 斯图加特感恩节

斯图加特感恩节又称人民节，每年都有500多万人到斯图加特市参加这一盛大的节日，时间大致在每年的9月底与10月初。

这一节日确立的最早时间是1818年。10月金秋，农业丰收，农民们把丰收的果实摆放在一起，载歌载舞，庆祝丰收，并感谢大自然的恩赐。如今，这一节日经过100多年的演变，已发展成为一个集商业、娱乐、旅游、饮食为一体的群众性的欢庆活动。

斯图加特感恩节中心地设在斯图加特市巴德—堪恩施塔特区的一片开阔地上，被称为“堪恩施塔特草地”，碧蓝的内卡河水从旁边缓缓流过。走进节日的彩门，首先看到的是一排排小摊，既有日用杂品、服装鞋帽、工艺礼品，也有儿童玩具、食品调料。各种喊声交织在一起，场面十分热闹。

节日广场最热闹的还属各种娱乐场所。斯图加特感恩节是通宵进行的，大批的游客往往在天黑之后才来到节日广场。

第三节 现代德国会展业的典型案例

一、汉诺威工业博览会

汉诺威工业博览会创于1947年8月，经过半个多世纪的发展与完善，已成为当今规模最大的国际工业盛会，被认为是联系全世界技术领域和商业领域的重要国际活动（图5-9）。

汉诺威工业博览会是世界顶级的专业性贸易展览会，每年一届。博览会荟萃了各个工业领域的技术，引领着世界工业的创新与发展，是世界工业发展的“晴雨表”，并且已经发展成为全球工业贸易的旗舰展和影响力最为广泛的国际性工业贸易展览会。每一届汉诺威工业博览会开幕都会有各国政要出席。

随着世界会展经济的发展，汉诺威工业博览会每届都有新的亮点，展会的质量也在不断地提高。2009年汉诺威工业博览会净展出面积达22.5万平方米，有来自中国、美国、加拿大、俄罗斯、英国、法国、意大利、瑞士、日本、韩国、印度、巴基斯坦、土耳其、马来西亚等60多个国家和地区的6400家厂商参展，共接待观众达20万人次，其中专业观众的比例达到96％。中国共有441家企业（中国内地426家，中国香港15家）参展。

2011汉诺威工业博览会设有13个主题展，占据汉诺威所有的展出场馆。除了主题展——工业自动化、能源展、电厂技术展、混合驱动及能源移动存储技术展、线圈技术展、数字化工厂展、工业零部件与分承包技术展、微系统技术展和研究与技术展之外，还会补充动力传动与控制技术展、风能展、表面处理技术展和真空与空压技术展。

图5-9　汉诺威工业博览会现场

知识链接

2007汉诺威工业博览会的亮点

2007年汉诺威工业博览会又一次向世界证明了它世界领先科技盛事的地位。伴随着对投资的实际需求，每一个展馆都洋溢着热烈的投资气氛。在展会上，各工业领域的杰出人士在这个动态的环境里融合，同时也巩固各自的新兴科技和生产过程。从数据统计结果和现场高质量的产品、技术展示来看，在以全球市场为创新平台的基础上，汉诺威工业博览会的效果已经超出了所有参展商和观众的预期。

“2007汉诺威工业博览会”的观众数超过230000名，较2005年增长了10个百分点，这是2007年的一大喜人收获。众多观众中，来自德国本土的人数增加了12%，来自德国以外国家的参观者增加了8%。海外观众占总观众人数的30%，其中美洲和东欧的观众数增长势头最为迅猛。除德国以外，观众数排名前6位的国家分别是：印度、荷兰、土耳其、瑞典、丹麦和意大利。在德国本土的观众中，来自巴伐利亚州和巴登州的比以往增长了14%；在工业产业方面，机械工程、电气电子工程、食品和饮料工业领域的观众数增长最快。此次博览会成功地接触到了新的目标群体，有73000名观众为首次参观展会。在观众总数中，企业决策者人数增长了30%，达到了21000名。

对于42%的观众而言，参加展会的主要目的是期望掌握最新的工业发展动向。这再次证实了汉诺威工业博览会在技术革新方面的世界领先地位。在5天的展会中，展会促成了约550万次的商业接触。综上所述，来自综合性国际市场的观众群体和各行业主导者群体已成为汉诺威工业博览会的两大支柱。

在展会期间，国际展商的比例甚至超过了海外观众比例。在6400家参展商中，有3222家来自德国以外——分布68个不同的国家。这使国际参展商数超过了50%，达到了汉诺威工业博览会60年历史上的最高比例。欧洲是主要的参展洲，随后是亚洲和美洲。除德国以外，此次的主要参展国是意大利、中国和土耳其。汉诺威工业博览会是全世界企业通向国际市场的大门。德国的汉诺威让全球化成为现实。

2007汉诺威工业博览会在核心主题的选择上做出了正确的抉择。它以能源技术、工业自动化、动力传动和研究与开发为展会的重点，此次展会又一次成为最新市场趋势的一面准确的反光镜，并且孕育了许多新的契机。

作为工业领域中一个至关重要的主题，能源效率问题在众多展品及特别展示中都引发了大量的讨论。能源的高效安全使用成为参展商和观众共同关注的焦点。旗舰展会“能源展”聚焦可再生能源和常规能源相关的众多能源形式，坚定了其在全球综合性展示中不可撼动的地位。工业领域的代表很好地利用了这次机会进行对话，在展馆里，更在众多相关的论坛和研讨会中随处可见。其中最具代表性的是世界能源对话，在这里，能源行业精英、政治家和研发专家为提高能源效率各抒己见。专家们指出全球性主动应对能源问题是面对能源挑战的唯一有效途径，只有通过大家的同心协力加以充分利用一切科技资源，才有可能在节约能源的前提下达到杠杆平衡，并为能源可持续消耗和环境保护奠定基础。

二、法兰克福书展

（一）法兰克福书展盛况

法兰克福书展的历史可以追溯到中世纪，也就是约翰内斯·古腾堡在距法兰克福数公里的地方发明出西方活字印刷术的时候。1949年，法兰克福书展由德国书业协会创办，每年10月第一个星期三至第二个星期一在法兰克福举行，为期5天。其展览宗旨是：允许世界上任何出版公司展出任何图书。

法兰克福书展（Frankfurt Book Fair）是德国举办的国际性图书展览，是世界上最大的图书博览会，也是全球最重要的国际图书贸易信息服务平台和国际知识产权交易平台。据统计，每年在书展上达成的版权交易份额约占世界全年总量的75%。在全球文化领域里，该书展也具有重要的国际影响，是全球范围内文化交流活动的风向标，被称作出版业的“奥运会”。

法兰克福书展展览面积约为17.2万平方米，展出图书40万种，每年有100多个国家约7000多名来自世界各地的出版界人士、1000多位作家和1.5万名记者参加，是世界文化的一次全面交汇（图5-10）。

图5-10　德国法兰克福书展

法兰克福书展对全球下一年度图书出版产生重要的影响。德国是一个出版业开放且发达的国家，读者阅读热情非常高，国际图书进出口贸易十分便利。这对图书出版业人士有着很大的吸引力。

法兰克福书展是由德国书商及出版商协会的子公司法兰克福书展会展公司（AuM）负责筹办的。除了筹办一年一度的世界上最大的图书博览会之外，这个专业的书展会展公司还积极参与和推动全球的书业发展，比如，他们每年组织德国国家展台到世界上30多个书展上参展。

在书展发展的近几十年中，卫浩世（Peter Weidhaas）扮演着重要角色，被誉为“书展先生”。他1973年开始出任法兰克福书展主席，2000年卸任。在他卸任之际，正值法国一家媒体在评选近20年来影响欧洲的人物，其中德国有3人入选，分别为德国前总理科尔、1999年诺贝尔文学奖获得者君特·格拉斯，另一位就是卫浩世。

（二）法兰克福书展主宾国活动

法兰克福图书博览会举办主宾国活动始于1988年，博览会主办方每年邀请一个国家或地区作为当年博览会的主宾。主宾国已经成为每届博览会人们关注的焦点，也是书展最大的亮点。主宾国借助博览会平台，可以充分展示本国出版物、宣传本国知名作家、扩大图书版权贸易、开展国际交流与合作。随着法兰克福书展影响和规模的不断扩大，各国在举办主宾国活动的过程中，不断丰富主宾国的活动内容，通过展示大量本国出版物、组织大批作家参加博览会，举办多种形式的文化活动，达到了全方位展示本国文化与传统、提升本国国际影响力、树立良好国际形象的目的。

意大利是法兰克福书展的首届主宾国。此后，法国、日本、墨西哥、巴西、俄罗斯、韩国、印度、加泰罗尼亚、土耳其等21个国家和地区陆续成为书展的主宾国或主宾。不少主宾国的国家元首、政府首脑都亲自出席，推广本国的文化。在主宾国活动期间，世界各国的出版商、作家、艺术家、文化人士、新闻记者和普通民众都会广泛参与。全球媒体都会给予全面报道，使主宾国成为当年在德国及国际出版文化界备受关注的焦点。历届法兰克福书展的主宾国都非常重视利用这一平台，展示自己国家的形象。

2009年，中国作为主宾国，大小活动共举办了600余场，其中举办作家活动达150多场，出版社交流活动300多场，出版专业活动近30场，展览活动10多场，还有各种文艺演出10多场，非物质文化遗产表演活动50多场。

每届的主宾国活动在时间上并不局限于10月举办的法兰克福书展，在活动地点上也不局限于德国法兰克福市。主宾国活动是一个全年活动，活动以图书展示、版权贸易、翻译出版、学术交流、作家学者巡讲和作品朗诵为主要形式，同时包括文艺演出、美术、电影展览等其他多种文化形式，内容涵盖了与出版、文化相关的多个领域，历届主宾国活动的数量都有数百场之多。

（三）第62届法兰克福国际书展

2010年10月6日，第62届法兰克福国际书展开幕。在为期5天的书展上，来自全世界111个国家和地区的7533家出版社和参展商均充分利用这一平台展示图书、洽谈版权交易以及合作出版业务。与2009年同期相比，第62届书展参展商数量略有增加。

电子图书是本次法兰克福书展上重点推介的对象之一。根据德国专业统计，电子图书领域的营业额目前仅占德国出版业营业总额的1.8％。尽管呈现逐渐上升的趋势，但是电子类图书并不会威胁到传统书籍，而是与传统书籍相得益彰、互为补充。

来自中国大陆以及香港、台湾地区的243家出版社和参展商也参加了第62届书展。

阿根廷是第62届书展的主宾国，“文化在行动”是阿根廷亮相法兰克福的口号。除了文学、历史、旅游等方面的图书展示外，阿根廷在本届书展上还派出了阵容强大的作家代表团，参加了约300场文化、文学活动。

三、慕尼黑啤酒节

1810年，借巴伐利亚的王储路德维希与萨克森–希尔德伯格豪森王国的特蕾泽·夏洛特·路易丝公主举行婚礼，该赛事曾于1780—1786年间在亚柯比集市（Jacobidult）举行，比赛名称取自一块向获胜者挥舞的红布。

弗朗兹在9月底的训练间歇，与指挥官安德烈·道尔·阿米少校商讨，是否有可能借着婚礼的机会举行一场赛马，“为国王和王后以及所有臣民助兴”。赛马定在1810年10月17日举行。在国王和王后以及大约4万名观众的一片喝彩声中，弗朗兹·鲍姆加德纳取得了第一届啤酒节赛马的冠军。

1824年慕尼黑市政府颁布了一项决议。根据此决议，只能用国内的马匹参加赛马，因为人们希望巴伐利亚支持更优质马匹的培育，而不是马种是否更高贵。

1852年，举办希腊式赛马一事被大多数啤酒节观众拒绝。1853年，第一批专用列车驶进啤酒节场地，票价仅为正常价格的一半。1854年由于严重的霍乱，啤酒节被迫停办。1855年参加啤酒节的人数剧增。1856年，有52家啤酒商竞争啤酒节摊主，仅有18家获得了参与的机会。1857年希腊女王及其宫女身着如画般的服饰出现在啤酒节上，引起极大关注。1858年的啤酒节观众达到约8万人。此外，“巴伐利亚射击协会”也是在这一年啤酒节上成立的。根据大事记，1863年的啤酒节上，跑马挑圈比赛成为最大的亮点。

1864年的慕尼黑啤酒节上，王位继承人路德维希二世首次亮相。超过10万群众向年轻的君主欢呼。1865年的啤酒节因为街头骚乱蒙上了阴影，有6人受伤，114人被逮捕。1866年的啤酒节因为与普鲁士的战争而停办。1867年，啤酒节在风雨飘摇中举行。摊主们将各自的领地装上围篱，暴风雪席卷草坪，啤酒节不得不延时一周。1868年，啤酒节一如往常地举行。1869年，“旧式战时后备军”在解散前最后一次参加啤酒节，当年他们在啤酒节的形成过程中起过决定性的作用。1870年德法战争期间，啤酒节中断。1871年，由于天气原因，啤酒节不得不延长一周。在慕尼黑编年史上，1872年的啤酒节增加了一款“三月啤酒”。关于这一点有些有趣的史实记载：“1872年的夏季超常酷热，所以莱斯特酿酒厂的库存啤酒很快销售一空。”

1882年，国际电气展与啤酒节重合，人们决定不仅要迅速地让慕尼黑城电气化，也要惠及慕尼黑啤酒节。

历史上，除因战争和霍乱中断外，截至2010年慕尼黑啤酒节已整整举办了177届。

啤酒节期间，人们聚集到慕尼黑城外的大草坪上，唱歌、跳舞、观看赛马和痛饮啤酒。从此，这个深受欢迎的活动便被延续下来，流传至今（图5-11）。

德国慕尼黑啤酒节是世界上最大的节庆活动。据慕尼黑观光事务当局的统计，每年啤酒节都会吸引超过600万名的观光客，平均吃掉20万条香肠、60万只烤鸡，并喝掉足足600万升的啤酒。

在慕尼黑的泰瑞莎广场上的所有啤酒大棚都是临时搭建的，每个大棚都有2000平方米左右，有独立的舞台和啤酒销售柜台。人们坐在传统的长板凳上，在长木桌前享受着举世闻名的德国啤酒和具有当地特色的烤猪腿。

除了开怀畅饮、街头张灯结彩之外，由慕尼黑市内的7家大酒厂组成的游行队伍也纷纷上街载歌载舞，还有许多民俗活动，如音乐会、马戏团表演，也有许多贩卖站与游乐设施，如旋转马与摩天轮等（图5-12）。

啤酒活动一般在晚上11时结束，可是不少游客仍是意犹未尽，流连忘返，许多人会转战至通宵开放的酒馆续饮。走进慕尼黑酒棚的会场中，会看到十余座由各家知名啤酒公司及餐厅合开的大型啤酒屋帐篷（Beer Tent）。虽名为帐篷，但每个帐篷都宛如小巨蛋。为容纳每晚数千至数万人，各家啤酒屋挖空了心思来满足不同游客的需求，从7月中就开始建巨型棚子，棚内外都布置得各具特色。十几个啤酒棚共可容纳9万多个座位，每个啤酒生产商会在帐篷内展示属于他们的啤酒。大家在啤酒棚内唱歌、跳舞，吃烤鸡、烤鱼及德国面包，另外有不少的啤酒棚里还设有乐队表演舞台，每晚都会有乐队表演一些耳熟能详的德国歌曲。

2010年，巴伐利亚首府举办了慕尼黑啤酒节200周年纪念。来到巴伐利亚首府的客人们共同见证了这一盛大的生日庆典。

图5-11　慕尼黑啤酒节的盛大场面

图5-12　慕尼黑啤酒节中的开怀畅饮

知识链接

世界各地的啤酒节

世界最具盛名的三大啤酒节分别是英国伦敦啤酒节、美国丹佛啤酒节和德国慕尼黑啤酒节，他们在国外家喻户晓，被欧美的啤酒专家们誉为“每一个啤酒爱好者都该至少要去一次的狂欢”。世界各地著名的啤酒节还有中国哈尔滨啤酒节、青岛啤酒节以及斯德哥尔摩啤酒节等。

第六章
现代美洲会展

第一节　现代美洲会展概况

一、美洲会展的现状

（一）美洲展览会概述

北美展览会开始于18世纪，最早起源于专业协会的年度会议。因而，在北美会展发展初期，展览只是作为会议的辅助活动。直到目前，仍有许多美国的展览会与专业协会的年会一起举办。

在北美，美国和加拿大的会展业很发达。每年举办的展览会近万个，其中，净展出面积约为460平方米的展览会约有4300个，净展出面积约4600万平方米，参展商120万，观众近7500万。举办展览最多的城市为拉斯维加斯、多伦多、芝加哥、纽约、奥兰多、达拉斯、亚特兰大、新奥尔良、旧金山和波士顿。

在中美洲和南美洲，随着地区局势的稳定，经济贸易展览会近年来渐渐发展起来。据估计，整个拉美的会展经济总量约为20亿美元。其中，巴西位居第一，每年办展约500个，经营收入8亿美元；阿根廷紧随其后，每年约举办300个，营业额2.5亿美元。除这3个国家外，其他拉美国家的会展经济规模很小，很多国家尚处于起步阶段。

（二）美洲的节事活动

节事活动在美洲的发展有很长历史，目前具有国际影响力的节事活动繁多。

1. 传统节庆活动

美洲的传统节庆很多，如感恩节、母亲节、父亲节等。

感恩节是美国和加拿大节日，由美国首创，目的是感谢印第安人，后来人们常在这一天感谢他人。自1941年起，感恩节被定在每年11月的第四个星期四，从这一天起将休假两天，人们和自己的家人团聚，不管多忙（有些特殊岗位除外）都是如此。感恩节在每年11月22～28日之间，感恩节是美国国定假日中最地道、最美国式的节日，加拿大的感恩节则起始于1879年，是在每年10月第二个星期一，与美国的哥伦布日相同。

在传统节事的庆祝方面，不同的国家庆祝方式各有特点。以新年为例：

古巴人有泼水除旧岁的风俗。每逢除夕之夜，家家户户，男女老幼尽情地玩耍歌舞，每人都准备好一碗水，等午夜的钟声敲过十二响后，大家便端着自己的一碗水，泼到屋外去，以示去旧迎新。

智利人在除夕彻夜不眠，男女老少都穿上华丽的服装，参加节日的各种庆祝活动。午夜的钟声一响，人们便喜笑颜开地涌向公园和广场，在欢快的乐曲声中尽情地歌舞。一边跳舞，一边燃鞭炮放焰火，通宵达旦热闹非凡。

哥伦比亚在元旦的前一天，每一条街上都要做一个表示旧年的大玩偶。除夕午夜时分，“玩偶”被炸得一片片飞散，大家便互相祝贺、亲吻、跳舞、唱歌。节日活动长达数天，此外还要举行假面舞会，人们在3天内要把手和脸涂成黑、白、黄各种颜色。

阿根廷人过新年时，有一种十分文雅美妙的活动。他们认为水是最圣洁的。每年元旦这天，地处南半球的阿根廷正是盛夏季节，全家人去江河中行“新年浴”，洗去身上的一切污秽。下水之前，先将一篮鲜花瓣撒在水面上，然后跳进“花水”中沐浴，并用鲜艳的花瓣揉搓全身，以求幸福吉利。

巴西人视一种不易生长的“金桦果”为幸福的象征。每年除夕，等午夜的钟声响过后，人们便举家出动，高举火把，哼着轻快的小调，兴高采烈地拥向树林中去，去寻找稀有的“金桦果”，谁找到的果子最多，谁就最幸福。

巴拉圭人将新年之前的五天定为冷餐日，大家都不举炊。等到元旦到来的那一天，教堂的钟声鸣响，才生火做饭，饱餐一顿，互祝新年快乐。

2. 现代文化艺术与大型体育赛事活动

美洲各类文化艺术节日众多。如美国奥斯卡金像奖、孟菲斯五月国际节、肯塔基州赛马节以及大众参与广泛的“纽约梅西感恩节”等。

在美洲举办的世界级的大型体育赛事包括奥运会、冬奥会、足球世界杯、一级方程式赛车等。其中由美国两大篮球组织“BAA”和“NBL”合并而成的“NBA”比赛，具有全球影响力（图6-1）。

图6-1 NBA赛场

随着大众健身和极限运动的兴起，一些休闲运动类节事也备受青睐。如美国雷德岩热气球节、美国休斯敦热气球节等。

美国的双胞胎节从1976年起每年举行一次，成为吉尼斯世界纪录大全中人数最多的双胞胎集会。一年一度的双胞胎节是来自世界各地的孪生子大聚会的日子。

3. 宗教庆典

在宗教庆典活动中，圣诞节几乎成为最被广泛接受的宗教性节日。在多民族的聚集的地区和国家，这项庆典也各具特色，异彩纷呈。

在美国和加拿大，圣诞老人的习俗基本上是相同的。纽约洛克菲勒中心的摆放圣诞树和滑冰场的盛大溜冰活动、华盛顿的给白宫上圣诞装饰的活动，是美国圣诞节中最亮丽的风景线。

在墨西哥的圣诞节庆祝活动中，一群群城镇市民挨家挨户地走访，象征着刚出生的耶稣的拜访者。

在天主教盛行的南美洲，圣诞节的庆祝活动充满着宗教主题。在这些国家，世俗的风俗和互赠礼物是欧洲和美洲土著人传统的混合体，并且正越来越多地受到美国文化的影响。

在哥伦比亚，赠送礼物的传统中有一个为孩子们带来礼物的“小基督”，在智利则为“圣诞老人”。圣诞老人可以通过很多方法在晚上进入孩子们的房间，从梯子到跳跃床，应有尽有。在阿根廷，人们在1月6日赠送圣诞礼物，那是孩子们在去伯利恒朝圣的路上遇见的圣者用点心和小礼物装满孩子们放在床下的鞋子。

4. 狂欢类节事

和世界其他各地一样，美洲以娱乐狂欢为主要内容的节日众多，有一些节日已经享有国际声誉，如巴西狂欢节、乌拉圭狂欢节、哥伦比亚巴兰基亚狂欢节等。

每年的乌拉圭狂欢节持续一个多月，是世界上持续时间最长的狂欢节。

哥伦比亚巴兰基亚狂欢节期间，盛装的游行队伍走上街头，音乐、花车、美女使海滨城市巴兰基亚充满了色彩和欢乐。巴兰基亚狂欢节作为哥伦比亚国家文化遗产已成为加勒比沿岸地区最重要的节日之一。

二、阿根廷与墨西哥会展

（一）阿根廷会展

新世纪以来，阿根廷努力成为拉美地区的会展中心。阿根廷会展业基础设施较好，从业人员素质较高，会展业保持高速增长态势。2007年，阿根廷举办各种展览会和大型会议的收入超过6亿美元。

阿根廷200万平方公里的国土，蕴含着极其丰富的矿产资源。据国际权威的矿业杂志*MINING JOURNAL*统计，在世界矿产资源排行榜中，阿根廷名列第六。阿根廷的矿业，特别是金属矿是近年来发展最快的行业之一。矿业产业的一些优惠政策促进了一大批大型项目的启动。位于圣胡安、卡塔曼卡、丘布特、圣克鲁斯省的一些大型矿业项目的可行性研究的完成和相继上马，使阿根廷采矿业存在可持续发展的可能。因而，阿根廷的国际矿业展览会Arminera很著名，它是阿根廷及南美最有影响的矿业展览之一。展会两年一届，展会在布宜诺斯艾利斯展览中心举办（图6-2）。2010年展商有350家，展出面积为1.2万平方米，有来自智利、玻利维亚、巴西、加拿大、美国、芬兰、英国、墨西哥、秘鲁、波兰、俄罗斯和南非的矿业相关企业。矿业是目前阿根廷发展速度最快的行业，展览会推动

图6-2　布宜诺斯艾利斯展览中心外景

了这一发展。

另外，阿根廷国际灯光照明及建筑技术展览会、阿根廷五金展、阿根廷矿山机械展等也都是较有影响的展会。

（二）墨西哥会展

墨西哥地处北美最南端，是北美3个自由贸易区（美国、加拿大、墨西哥）之一，彼此之间的零关税政策为墨西哥的发展奠定了良好的基础。墨西哥对外贸易居拉丁美洲第一位。随着经济实力的增强、科技水平的提高，墨西哥的会展业正快速发展。

墨西哥城最大的展览中心为CENTRO BANAMEX。该中心拥有大型停车场、国际会议中心、商务中心、餐饮服务区，各种配套设施齐备，是举行大型国际展览、国际会议、商务活动、社会活动的理想场所。每年在该中心举办许多大型国际展览。主要有墨西哥国际塑料橡胶展览会及会议、墨西哥安全设备展、墨西哥广告展、墨西哥包装展、美洲安全展、墨西哥建筑展、国际光学设备展等。

墨西哥国际塑料橡胶展览会及会议每年举办一届，为墨西哥和中美地区的塑料行业提供独一无二的交流平台。截至目前，该展会已经举办过17届。它被公认为是墨西哥最全面的塑料机械、设备及材料的展览和贸易洽谈会。

2010年的国际塑料展有来自21个国家和地区的800多家参展商，展示了塑料机械及相关设备、模具、零部件、循环设备、化工原料、合成树脂、仪器及相关制品等，其中有98%的参展商表示会继续参加下届的展会。展会期间共有3万多专业观众前来参观、购买他们所需要的塑料机械及相关设备、模具、零配件、化工原料、仪器和相关制品等。买家除了来自墨西哥之外，还来自危地马拉、哥斯达黎加、洪都拉斯、委内瑞拉、美国、哥伦比亚、萨尔瓦多、加拿大、智利、意大利、德国、秘鲁、巴西、西班牙、阿根廷、葡萄牙等30多个国家和地区。其中9%的观众每年购买预算超过100万美元；93%的采购商在展会上找到了他们需要的产品和服务；32%的观众有寻找新的供应商的意向。

瓜达拉哈拉是墨西哥第一大商业城市，墨西哥国的主要贸易公司和批发商都分布在瓜达拉哈拉市和周边地区。瓜达拉哈拉展览中心是具备最现代化设施的展馆，墨西哥的许多大型展览会都在此展馆举行（图6-3）。

南美洲面料、辅料市场庞大，一年两届的墨西哥国际服装、面料、辅料展，是南美洲和墨西哥最大的纺织品服装和面料展，展会面对拥有14亿人口的南美洲消费市场。每届展会的买家人数超过2.5万名，分别来自墨西哥、美国、巴西、阿根廷、哥伦比亚、秘鲁、智利、委内瑞拉、西班牙等30多个国家。3.5万平方米的展厅可容纳1300个展位。

图6-3　墨西哥瓜达拉哈拉国际展览馆

三、现代巴西会展

（一）概述

巴西拥有拉美最为完善的产业体系，会展经济实力居拉美首位。巴西地大物博，是矿产资源和农业大国，铁矿石等矿产资源储量在世界名列前茅。巴西大豆等农产品产量和出口量均居世界前列，乙醇等生物能源的开发、利用和出口，改变了巴西依赖进口能源的局面。巴西拥有1.8亿人口，是发展中国家中最具潜力的消费品市场之一。

巴西的展览业与国家经济支柱的行业相辅相成。展览中的五金行业，建材、服装、礼品消费品行业，安防劳保行业，汽配行业，机械行业，这些在巴西比较具有代表性。巴西的会展业国际化越来越强，同时也有一些国外展览公司开始涉足巴西本地展会。

巴西外交部贸易促进司与发展、工业和外贸部外贸秘书处（副部级单位）两单位是巴西展览会的政府主管部门，巴西展览公司联合会是行业协会。这3个单位每年都出版展览会名录，但由发展、工业和外贸部编辑出版的名录内容更为翔实。

巴西的展会虽然具有一定的全球化，但是还具有很强的区域性。参展的企业大多数来自拉美地区或以拉美国家为主，包括周边国家的秘鲁、阿根廷、委内瑞拉等。

（二）展会与场馆

巴西每年举办700多个展览会，其中综合性的占10%，其余为专业展览会。

图6–4 巴西圣保罗第29届艺术双年展作品——Youturn馆

图6–5 巴西圣保罗安年比展览中心

一部分专业展览会只允许企业参观，不对公众开放。巴西一部分国际展规模较大，知名度较高。例如每年4月在圣保罗州内地城市黑河市（Ribeirao Preto）举办的国际农业技术展是世界上三大农机展之一；每年4月在圣保罗市举办的国际家庭用品展，每届参观人数均上百万；巴西圣保罗艺术双年展（图6–4）等影响较大。

巴西的展览规模一般较小，最大的展馆也没有超过10万平方米，而展馆的设施也相对比较陈旧。巴西的主要经济城市是圣保罗，它在巴西城市中安全系数比较高，行业的主要大展与国际知名展也都聚集在圣保罗。目前圣保罗有5个展馆。

圣保罗安年比展览中心（图6–5）是巴西乃至南美洲最大的展览中心，巴西知名展览会均在本展览中心举行。

安年比展览中心落成于1970年。展馆面积大约为7万平方米，分为北、南和西3个展厅。西展厅最后的建筑于2003年年底完成，它可供至多3个不同的活动同时举行。

安年比展览中心展览馆举办的展会主要有国际皮革服饰展（Couromoda）、国际牙科医术展览会（Fiosp）、国际牙科医术大会（Ciosp）、国际建筑五金展（feicon）、食品服务展（Food Service）、国际鞋帽展（Francal）、国际化妆品展（Cosmetica）和国际运输展（Fenatran）等。

巴西北方展览中心总建筑面积为98万平方米，展览区面积为7.5758万平方米，是拉丁美洲最重要的商展中心之一（图6–6）。北方展览中心的每一个展馆都有独立的入口，有10个设备装卸通道。会议中心可以同时容纳4500人。

图6–6　巴西北方展览中心

（三）巴西狂欢节

巴西狂欢节被称为世界上最大的狂欢节，有“地球上最伟大的表演”之称。每年2月的中旬或下旬举行3天。在巴西的狂欢节上，每个人都想成全别人。有的男人希望自己拥有女性的特征；而有些平时内向的女人则大跳狂热的舞蹈，尽量地模仿他人敏捷和有力的动作。狂欢节中常常出现“易装癖”，这是历史的产物。巴西狂欢节对女性化的狂热程度在世界上可以说是独一无二的。

在巴西的狂欢节中，里约热内卢狂欢节是世界上最著名、最令人神往的盛会。

相传里约热内卢狂欢节始于19世纪中叶。最初，狂欢节的规模不大，仅限于贵族举行的一些室内化妆舞会，人们戴上从巴黎购买的面具，尽情地欢乐。1852年，葡萄牙人阿泽维多指挥的乐队走上了街头。随着节奏明快的乐曲，不管是黑人还是白人，也不管是穷人还是富人，男女老少都跳起来了，整个城市欢腾起来了。阿泽维多的这一行动获得了巨大的成功，成为里约热内卢狂欢节发展史上的一个里程碑，标志着狂欢节成了大众的节日。

里约热内卢狂欢节最早并没有固定的场所，全市各主要大街上都是桑巴舞表演的舞台。由于狂欢节时值盛夏，天气炎热，游行活动都在夜晚进行。从20世纪70年代起，各桑巴舞学校建议在市内修建一座桑巴舞赛场，用于狂欢节活动。1983年，曾设计巴西新首都巴西利亚等工程的著名工程师奥斯卡·涅梅耶尔亲自设计，6万名建设者齐心协力，仅用了117天，就建成了一座能容纳数万观众的桑巴舞赛场。从此，里约热内卢狂欢节就有了固定的场所。

在狂欢节的游行队伍里，不分贫穷和富有，不分尊贵或卑贱，从白天跳到

图6-7 巴西狂欢节现场

黑夜，快乐可以传染，不满得以宣泄。里约热内卢每年的狂欢王、狂欢后及狂欢公主都是经过评选产生的。他们都是在各种桑巴舞表演中担任过领舞的桑巴能手，狂欢王的体重还必须在130公斤以上。

狂欢节不仅给巴西人带来了欢乐，还吸引了众多游客，促进了旅游业，刺激了经济，已成为巴西人生活中不可或缺的一项重要内容，一年比一年更热闹。桑巴舞、狂欢节同足球一样，已成为巴西的象征（图6-7）。

第二节 现代美国会展

一、美国会展概述

（一）会议与贸易展览会

在美国，国际会议接连不断。作为世界最大的国际会议主办国，其航空客运量的22.4%、饭店入住率的33.8%均来自国际会议及奖励旅游。据有关部门统计，20世纪90年代以来，世界最大的国际会议主办国——美国，长期占据这一市场的领先地位（表6-1）。

从2004年的排名来看，无论是会议数还是占世界会议的比例，美国都是高居榜首。到2010年，美国占据排行榜第一的格局仍然没有改变。

美国大大小小的展览会召开极为频繁，在全国范围内，每星期都有不同规模和不同行业的展览会。据美国展览研究中心（CEIR）的调查，贸易展览会在美国最受重视。会展业为美国经济带来了巨额的利润。

美国《贸易展览》周刊统计：美国一年举办200多个大型商业会展带来的经济效益超过38亿美元，仅一年一度的“RSNA芝加哥”展览就有1亿美元的收入。

表6-1　2004年十大国际会议国与地区

名次	国　家	会议数（个）	占世界会议的百分比（%）
1	美国	1080	11.79
2	法国	552	6.03
3	德国	491	5.36
4	英国	377	4.12
5	西班牙	361	3.94
6	意大利	336	3.67
7	瑞士	302	3.30
8	比利时	282	3.08
9	奥地利	279	3.05
10	中国：香港、澳门	231	2.52

表6-2　2006年全美顶级会展排名前11位的城市

城市	办展数量（个）	占全美办展的市场份额（%）
拉斯维加斯	45	22.5
奥兰多	20	10.0
芝加哥	18	9.0
纽约	16	8.0
亚特兰大	14	7.0
达拉斯	8	4.0
旧金山	7	3.5
阿纳海姆	6	3.0
洛杉矶	6	3.0
若斯曼特	6	3.0
圣迭戈	6	3.0

2006年，在全美每年举办的排名前200位的顶级展览会中，拉斯维加斯占45个，排名第一；奥兰多占20个，排名第二；在芝加哥举办的有18个，排名第三；在纽约举办的有16个，排名第四；在亚特兰大举办的有14个，排名第五。其他排列在前11名的城市依次为达拉斯8个，旧金山7个，阿纳海姆6个，洛杉矶6个，若斯曼特6个和圣迭戈6个（表6-2）。

（二）美国会展的管理

美国政府行政设置分为联邦、州、县、市4级。其中，联邦政府管国防、外交、联邦法律和税务等；州政府管学校和教育等；县政府管医院、公费医疗和养老金等社会保障；市政府管公路交通、运输车辆和社会治安（警察）等，职能分工明确。会展业的发展一般由民间各行业协会和企业自主发展。但是，在美国，大部分展览中心都是公有的。在全美面积超过2500平方米的展览中心中，大约64%（大约243个）属于地方政府所有，美国地方政府重视公有展览中心的管理。

政府直接管理是美国一种重要的公有展览中心管理模式。通常的办法是在地方政府成立大会和参观者事务局（Convention&Visitors Bureau，简称CVB），负责管理公有展览中心。在此模式里，展览会组织者预订展览场地需要到CVB事先登记，而不是去展览中心。

例如，佐治亚州设立了佐治亚世界会议中心管理局，以开发和经营佐治亚世界会议中心、左治亚“圆顶房”、百年奥林匹克公园和相关设施，以促进和方便那些给佐治亚州和亚特兰大市创造经济利益的展览会。

此外，由于经营自主和收入独立，美国会展由某个管理委员会管理以及将公有展览中心的管理业务外包给私人展览管理公司等也比较多见。

北美两家主要的展览中心管理公司——Spectacor管理集团和环球光谱集团就是具有代表性的私人会展管理公司。

在具体的展会管理细节上，可以概括为：注重服务效率和细节的人性化管理。美国的一般展览大厅内都设有中餐厅、西餐厅，还有咖啡吧、网吧，便于客户之间谈生意或上网查询相关资料。另外，其所有展厅都设有残疾人通道，便于残疾人参展。在会展前期以及会展期间，都设有服务中心，从招展、预约、登记、广告，到各种有关会展资讯资料、电子信息的收集、整理、免费发放，不同语言文字的翻译，法律咨询，乃至布展、撤展、清理场地等，各个环节、各项程序均有专人负责，安排得很细致，保证了展会的高效和成功。

（三）美国会展业的趋势

1. 专业化发展

专业化发展是美国会展最显著的特色。以拉斯维加斯的会展为例，大多举办专业性的贸易会展，到会参展和参观的都是本专业的厂商和专业人士，展会引导着本专业的发展方向和市场潮流，为全行业的厂商和销售商所关注和瞩目。如国际电子用品展、国际地砖地板展、电气用品零件展、世界鞋业大展、室外装饰用品展、国际摄影市场展、国际礼品杂货展、夜总会酒吧同业展、全国传播协会展、国际五金工具专业展和草坪庭院用品展、MAGIC国际服饰展、国际珠宝展、国际乳制品熟食蛋糕展、便利店商店用品展、国际汽车摩托车修配零件展、汽车特别配件展、国际板金业展、国际电脑资讯展等。这些会展专业性都很强，大多是本专业最高水平的国际性会展，极具特色和吸引力。

2. 业态的创新

美国会展业呈现不断创新的态势，大的会展中心在同一建筑空间中融会展、餐饮、宾馆、娱乐、大卖场、旅游观光等不同的行业业态于一体，使之相互补充，相得益彰，从而减少了展览馆、展览厅的空置浪费，大大提高了会展业的综合效率和经济效益。

3. 在整合中发展

受国际经济环境的影响，美国展会出现消费类展会走势坚挺、展览会的调整现象加强等趋势。消费类展览会的参展人数一直能够得到保证，并且在很多地方增长很快。

在美国，新的展览会增长势头在逐渐减弱，新投资运营的展览会越来越少。以往，一个新的展览会如果没有300～400个展位，会被认为是不值得做的。但是现在一般新的展览会拥有展位都在75～100个，新展会主要集中在一些合适的细分市场方面。与历史相比，美国展览会中的会议越来越少。有的展览会会议原来是3～4天，现已缩短成1～2天。

二、美国主要的会展城市

（一）拉斯维加斯会展

拉斯维加斯地处美国西部经济相对欠发达的内华达州南端，土地贫瘠，周围是一望无际的荒漠，近70年来才发展起来，目前也只是人口约120万人的中等城市，以赌博合法、赌场众多的赌城而闻名于世，拥有全球最豪华、最大的宾馆。

近年来，拉斯维加斯会展业迅速发展，成为世界上最大的展览馆群，目前有大小展览场所1000多个，其中3个主要的展览馆是国际级的，面积达10万多平方米。每年在拉斯维加斯有2000多场专业性会展，每年约有500万厂商参展，数千万厂家和专业人士进场参观和洽谈，成为当前国际上最著名的会展中心。

1959年正式营业的拉斯维加斯会议中心现成为许多展会的举办地，如Comdex电脑展、汽车售后服务展、全美五金展等。会展业成为拉斯维加斯城市经济增长的关键，甚至成为南部内华达州经济发展的三大支柱产业（饭店、娱乐、会展业）之一。

拉斯维加斯会展中心（图6-8）位于拉斯维加斯山谷的中心地带。会展中心可在步行距离内提供1.8万间客房，在3英里范围内提供5万间客房。会展中心距离市中心和拉斯维加斯大道仅3英里。市中心和拉斯维加斯大道的酒店可以提供9000多个客房供参展者住宿。会展中心距离McCarran 国际机场和拉斯维加斯商业区也仅仅几分钟的路程。

拉斯维加斯会展中心最近新完工了934988 平方英尺的展览空间和90501平方英尺的会议空间，使拉斯维加斯的会展面积达到320万平方英尺（约36万平方米）的惊人规模。其中包括200万平方英尺纯展览面积和25万平方英尺的会议室空间。拉斯维加斯会展中心可提供144间大小不等的会议室，小的可容纳几十人开会，最大的可容纳12000人开会。

全世界规模最大的3个会展都在拉斯维加斯举办，他们分别是工程建设机械博览会和国际消费电子展，国际动力传动展，以及全美广播电视展。此外内华达还定期举办环保设备、医疗设备、电子产品、家具、汽车零件、服装、农产品、鞋业、国际美容美展、国际消费品及礼品博览会等各种大型商展，以促进该州商业发展。州政府鼓励国外厂商利用此大型商展，拓销美国市场，同时积极推动州内厂商组团参加国外大型商展，以开拓海外市场。

（二）奥兰多会展

奥兰多是一个可以承办国际级展会的理想之地，每年有超过400万来自全球的会展客商。奥兰多市会展设施完备，适合举办大型会议和贸易展览，所拥有的18.9万平方米的橘县会展中心（Orange County Convention Center）是北美第二大会展中心。该中心同时提供43127万平方米的会议室，周边步行可抵达的酒店客房总数更是超过了7600间。

奥兰多地区节事活动较多，从竞技表演和明星演唱会到民族节日、艺术表演以及知名高尔夫赛事等，奥兰多每年主办的节事活动都要超过450个。

图6-8 美国拉斯维加斯会展中心

图6-9 奥兰多会展中心

每年有全球最知名的行业专业展览会在奥兰多会展中心（图6-9）举办，如国际电力展览会、国际建材展览会、国际农业机械展、美国全球宠物展览会等。

奥兰多会展业最显著的特点是优质的服务。例如橘县会议中心提出“为用户提供卓越的服务，激发他们回来举办会展的欲望，提高优秀集体的名誉”的经营口号。为激励员工热情地为顾客服务，该中心长期举办一项由客户和员工参与的活动，给每位来到该中心的客户发印有标志的硬币，凡是得到一次满意的服务，客户可以给工作人员一枚硬币。年终时，得到硬币多的工作人员将受到中心的奖励。这项活动的好处是员工得到硬币的同时，客户得到了优质的服务。为客户提供宾至如归的服务是奥兰多会展业获胜的法宝。

（三）芝加哥会展

芝加哥包括芝加哥市及其周围伊利诺伊州东北部的6个县，即库克县、莱克县、杜佩奇县、威尔县、麦亨利县和凯恩县，面积共9598平方千米。总人口超过830万。2005年芝加哥大区的生产总值为4230亿美元，居美国第三位。

芝加哥市区是美国制造业大公司总部所在地，世界《财富》五百强企业在芝加哥地区的有28家。公司总部密集进一步促进了芝加哥市区零售、旅游、会展与酒店业的繁荣。

芝加哥会展业发达，是美国主要的会展城市，也是世界会议、展览举办地。有著名的芝加哥博物馆、菲尔德自然博物馆、工业与科学博物馆、芝加哥美术馆、格兰特公园、里格利棒球场、谢特水族馆以及北哈尔特俱乐部等。芝加哥举行过两次世界博览会。

统计表明，为芝加哥经济带动情况排名第一的是芝加哥制造业技术展。芝加哥排名前25名的展会为其服务业带来近12亿美元的收益。从芝加哥博览会时间的分布看，1～3月、7～9月是旺季，10～12月是淡季。从客商数量看，排名第一的国际制造业技术展每年可吸引超过8万客商。

图6-10 麦考密克会展中心

芝加哥麦考密克中心（McCormick Place，图6-10）是北美最大的会展中心，展览面积为22万平方米，每年接待约120个国际或地区性会议和展览。吸引400多万商家和参观者前来洽商参观（表6-3）。

麦考密克会展中心（McCormick Place）萌芽于20世纪40年代末，芝加哥论坛的前拥有者罗伯特·R·麦考密克上校之手。随着1948年、1949年大型铁路展览会的成功召开，麦考密克上校认为芝加哥需要一个永久性的会展中心并亲自主持修建。1955年，伊利诺伊州创办了城市展览和展会管理局（也就是当局的前身）来监督它的建设和运作。会展中心于1960年启用，并以他的名字命名。最初的麦考密克会展中心于1967年毁于大火。然而，通过州、市政府的努力，一个新的展馆以一个创纪录的速度重建完毕并于1971年开放。

目前，麦考密克会展中心由3个具有最新水平的展馆构成，分别是南馆、北馆和湖畔中心。该会展中心还拥有芝加哥最大的舞厅和Arie Crown歌剧院。各个展馆之间由占地5万平方英尺的休闲广场（Grand Concourse）联结起来，里面有许多零售商店和各种休闲设施。北馆占地70多万平方英尺，可独立使用或与其他展厅联和使用。还有29个会议厅、服务区及其他设施。湖畔中心主要用于举办中型贸易展销会。南馆拥有84万平方英尺的展区和17万平方英尺的会议区。

表6-3 麦考密克会展中心举办的重大会展情况

年份	展览数（场）	出席人数（万人）	展览面积（万平方英尺）
2001	89	303.8484	1663.1202
2002	82	285.2641	1482.2843
2003	95	304.1741	1722.4888
2004	82	250.3363	1333.7867
2005	77	222.0316	992.764
2006	78	224.1324	1438.6068

（四）纽约会展

图6-11　纽约杰维茨会展中心

纽约是美国第一大城市，也是重要的会展城市，是众多世界级博物馆、画廊和演艺比赛场地的所在地。纽约有36家百老汇剧院、300家演出场所、400多家画廊、150多家博物馆、9座体育场馆、273家夜总会式俱乐部、50家音乐俱乐部。纽约拥有6.5万间旅馆、1.7万家饭店或酒吧。这些设施为纽约会展提供了便利的条件。

位于曼哈顿中区的杰维茨会展中心（图6-11）拥有81.44万平方英尺展出面积，是纽约最大的会展中心，共有四层，分9个展馆、40个会议室。著名的联合国总部、自由女神像、唐人街、时代广场、洛克菲勒中心、第五大道商业区等都在这里。

每年在杰维茨会展中心举办的知名展会有纽约国际车展、纽约国际面料博览会、纽约国际文具展览会等。其中一年一届的纽约国际文具展览会由美国GLM展览公司于1947年创办，每年吸引1400家参展企业参加，参观买家超过14000人。

（五）亚特兰大会展

亚特兰大市是美国佐治亚州首府，位于美国东南地区。美东南地区是美国经济发展的火车头，佐治亚州又是东南地区经济发展最快的州，美国大约80%的消费者处于距离亚特兰大市两个小时的飞行距离或者货运卡车三天的行程距离内，战略地位十分重要。其城市面积为350多平方公里，人口约400万。它既是一座历史名城，也是一个新兴的工商业城市和文化、医疗卫生中心和金融中心。亚特兰大市在1996年成功举办了奥运会。亚特兰大已成为美国“新南方的象征”。

亚特兰大是可口可乐公司、美国达美航空公司、美国有线电视新闻网（CNN）、DHL等众多世界知名企业的总部，也是极具特色的会展城市。在市中心集中了万豪、威斯汀等多达几十家的高档酒店，亚特兰大的哈茨菲尔德—杰克逊亚特兰大国际机场也是全世界旅客转乘量最大、最繁忙的机场。这些便捷的服务和设施都为这座美国著名的工商贸城市发展会展提供了得天独厚的条件。

图6–12　亚特兰大佐治亚世界会议中心

坐落在亚特兰大的佐治亚国际会展中心（图6–12）平均每年举办2000次各类会议和展览。佐治亚国际会展中心也是美国唯一一个将机场、物流系统和展览场馆连接配套的展览中心。会展中心区域以及辐射区域组成了辐射整个美国和中南美洲的大型中心。

亚特兰大佐治亚世界会议中心于1976年开放，展厅是35万平方英尺的正方形，是美国当时最大的会展中心。今天140万平方英尺的展厅仍是美国最具特色的会展中心。

作为一个重要的会议场所，佐治亚世界会议中心今天已经成为世界级顶级的会议、运动、娱乐场所。除了拥有能够容纳7.125万个座位的佐治亚大厦和占地21英亩的奥林匹克百周年纪念公园外，佐治亚世界会议中心还拥有12个展厅面积为140万平方英尺的顶级展馆、106个会议室、两个大型多功能厅、3个有固定座位的礼堂以及3个风景如画的广场。

三、美国会展案例

（一）北美国际汽车展

北美国际汽车展创办于1907年，起先叫作“底特律车展”，是世界最早的也是最大的汽车展览之一，1989年更名为“北美国际汽车展”。车展每年为底特律带来了可观的经济收益，年平均在4亿美元以上。

每年的北美车展在1月5日左右开始，举办地在美国的汽车之城——底特律的COBO会展中心。

底特律河岸的COBO会展中心（图6–13）是美国密歇根州最大的世界级会

展中心，占地240万平方英尺，展馆面积70万平方英尺，由吉诺·罗赛蒂设计，是底特律的标志性建筑，拥有80间会议室，可以接待从1万人左右的展会，并提供安全、舒适的餐饮、住宿服务。

近年来，概念车（图6-14）在北美车展上所占的比例越来越高，几乎全球所有的汽车公司都会利用这个平台推出自己的概念车，各种新奇的设计，各种你所能想到的甚至是想不到的创新理念，在底特律车展上都能看见。由于概念车体现的是厂家的设计能力和创新意识，而不是量化生产的能力，因此概念车就成了体现厂家理念和意识的“风向标”，北美车展也就因而成了大厂商“斗法”的主要舞台。

（二）奥斯卡金像奖

1. 历史由来

1927年5月，美国电影界知名人士在好莱坞发起组织一个“非营利组织”，定名为电影艺术与科学学院（Academy of Motion Picture Arts and Sciences），它的宗旨是促进电影艺术和技术的进步。学院决定对优秀电影工作者的突出成就给予表彰，创立了“电影艺术与科学学院奖”（Academy Award）。1931年后，“学院奖”逐渐被其通俗叫法“奥斯卡金像奖”所代替，现在其正式名称已鲜为人知。

首届的金像奖得主于1929年2月18日产生，而颁奖晚会则于5月16日在好莱坞罗斯福大饭店举行，出席人数约250位。

第13届（1941年）时罗斯福总统和第39届时（1966年）里根总统均光临颁奖现场。

20世纪70年代，随着美越战争的开火，国内反战情绪日渐增高，第51届

图6-13　底特律的COBO会展中心

图6-14　北美车展上的概念车

（1978年）奥斯卡把五项大奖均授予了反越战题材影片《猎鹿人》，引发了国际舆论界的轩然大波。同年3月，在柏林电影节上，苏联代表团为了抵制《猎鹿人》的放映，率领古巴、东欧等国代表团退出电影节。

2. 奖项设置

奥斯卡奖可分成就奖和特别奖及科学技术奖三大类。成就奖主要包括最佳影片、最佳剧本、最佳导演、最佳表演（男女主、配角）、最佳摄影、最佳美工、最佳音乐、最佳剪辑、最佳服装设计、最佳化妆、最佳短片、最佳纪录片、最佳外语片等奖项。特别奖则有荣誉奖、欧文·撒尔伯格纪念奖、琼·赫肖尔特人道主义奖、科技成果奖和特别成就奖。在上述众多奖之中，最具影响力的为最佳影片奖，而最佳男、女主角奖属表演主奖，获奖人有“影帝”与“影后”之称，是男、女演员们觊觎的殊荣。

奥斯卡奖杯是由美国著名的雕塑家乔治·斯坦利设计的，主体为一座高13.5英寸、重3.9千克的镀金男像（图6-15）。

3. 市场角逐

奥斯卡被推到举世瞩目的地位，除了它本身的“软硬件”和谐匹配外，还因为一部影片如果获得奥斯卡提名，其票房就会倍增。影片获奖后，对演员的回报也相当丰厚，不仅身价攀升，能得到实质性的物质回报，本人甚至还可以凭借奥斯卡的权威在世界电影史上留下浓墨重彩的一笔。

第82届奥斯卡金像奖授予了伊战题材影片《拆弹部队》（*The Hurt Locker*，图6-16）。这部影片荣获最佳影片、最佳导演等6项大奖。

图6-15 奥斯卡奖杯

图6-16 第82届奥斯卡金像奖《拆弹部队》海报

第三节　现代加拿大会展

一、加拿大展览业的总体情况

加拿大的工业、农业和服务业都很发达，居世界前列，地处世界上经济最活跃的地区之一的北美自由贸易区，与美国大市场紧密相连，交通便捷；气候温和，风景秀丽，具有一流的展馆和服务系统以及悠久的国际交流传统。这些得天独厚的条件使加拿大成为全世界展览业最为发达的国家之一。

加拿大的会展经济发展迅速，展会数量多，行业分布广。据国际专业会展研究机构（CEIR）发布，加拿大国家的会展数目正在以每年15%的速度增长。加拿大每年的展会总数约为3300个，展出面积1000万平方英尺，参展商家有38万，观展人数达6000万人次。根据推算，加拿大展览业年产值约为50亿美元，间接经济效益约为125亿美元。

加拿大的展览业及其相关行业都很发达，其展览业是国民经济最重要的组成部分之一。加拿大的服务业发达闻名于世，而展览业又是其服务业中最重要的领域之一，其重要性可想而知。加拿大展览业每年创造的产值大约为20亿加元，占其整体国民经济的0.2%左右（根据美国展览研究协会2001和2000年统计，加拿大官方和商协会无此类统计数字）。

在加拿大，展览业是一门特殊的服务行业，与相关行业的关系都很密切，其涉及面包括展览营销、展览工程、广告宣传、运输报关、商旅餐饮、通信交通、城市建设等，从而极大地促进了第三产业的发展和繁荣。

会展经济的国际化趋势，促使加拿大的会展业逐步形成了公众展览与贸易展览互补、国内展览向国际展览融合、行业协会同展览公司共赢、专业细分为模块运营铺路、形式创新以人本需求为纲、行业年会和行业年展同期的行业特点。

加拿大的会展业把公众参与度作为重要的评价标准，因此，加拿大会展从内容到形式都十分注重参观者的人本化需求：互动、沟通、无障碍、吸引力。人本化办展使加拿大的会展日益深入人心。在加拿大，参观展览已经成为人们社会生活的重要组成部分，成年人平均每两个月就参观一个大型展览。

加拿大会展的发展，紧跟加拿大社会的发展而随时调整布局。鉴于此，加拿大的会展成了当今加拿大发达经济、文明社会和富裕生活的同步资讯平台。

加拿大的展会主要集中在两个领域：

（一）制造业和服务业类

制造业和服务业类展会通过不同的主题和设计，展示加拿大在国际领先的信息产业、机械制造、木材加工、城市建设、环境保护、教育医疗、金融投资、生物制药等领域的先进技术和管理。

（二）自然资源类

自然资源类包括石油、天然气、森林、草原、稀有矿产、水产品等领域。自然资源类的展会有加拿大矿业大会、石油天然气博览会、全球石油博览会、2006油砂展览会、美洲石油地质协会等。

二、加拿大会展业的主要特点

加拿大联邦、省、市三级政府中均没有专门的展览业管理部门，政府部门也不直接参与展会的运作。展览业没有专门的法律法规及管理规定，展览业的行为准则多是通过行业自律的方式确定。

加拿大全国性的展览业协会有加拿大展览管理协会（Canadian Association of Exposition Management，简称CAEM）、加拿大会展协会（Canadian Association of Fairs and Exhibitions，简称CAFE）。

在加拿大，各类展会都是商业化运作。展览会的成功与否，取决于整个行业和相关企业对其的认可和展览公司自己的运作。加拿大商协会组织众多、权威性强，除了一些综合性的商会外，不论大小行业，几乎每个行业都有自己的协会。展览会的举办者要么是有关商协会，要么与这些商会和行业协会保持着密切的合作关系。因此，一般情况下每个展览会的举办都会得到行业协会的支持，都能邀请到该行业协会的绝大多数企业参展。

2006年，加拿大国际贸易部推出“出口市场开发计划”（PEMD-Associations），斥资470万加元资助64家全国性行业协会参加海外贸易展览会，开拓国际市场。得到资助的协会来自具有出口优势和出口潜力较大的行业，包括航空航天、农业技术与设备、文化产业、汽车、生物行业、建筑建材、消费品、环保业、林产品、保健品、信息通讯行业、金属采矿业、海洋技术、塑料、服务业等。

加拿大政府部门虽然不参与展会的具体运作，但是大部分重要的展览场馆都是公有的，所有权属于加拿大国有公司或者当地市政厅。这样，加拿大展览场地的所有者和展览会的组织者往往是分离的。展览馆出租展览场地和设施，没有自己的展览项目；而展览会组织者一般没有自己的展览馆，办展时需要从展览场地的所有者那里租用展览馆和设施。加拿大会展业的主要特点有：

（一）依靠资源和能源优势

与大多数西方发达国家不同，加拿大是一个自然资源和生态资源非常丰富的国家。加拿大采矿业发达，是世界第三矿业大国，是世界最大的矿产品出口国，其80%的矿产品销往国际市场。资源优势和能源优势也是加拿大会展业的一个突出特点。

加拿大庞大的经济规模和发达的进出口贸易，为加拿大会展业的发展奠定了良好的基础。旺盛的消费需求和独具特色的资源优势，为会展业注入了新的活力。

（二）专业化和国际化

1. 专业化

专业性的展览已成为加拿大会展业发展的主流，代表着会展经济的发展趋势。加拿大最大的50个贸易展览会中，几乎都是专业性的展览，跨越35个不同行业，主要有礼品、家具、农业机械、制造技术、园艺、石油天然气、木工机械、印刷、餐饮、建筑、冰雪工业、汽车、皮毛产品、矿业、食品、建筑设计、自行车、包装、农产品、造纸、美容、图书、购物中心、地质、放射医学、保健品、旅游、时装、门窗、高尔夫球、油砂、冰球、木材业、酒店、奖品等。

2. 国际化

国际化也是加拿大展览业的发展趋势。

首先是加拿大展览企业的国际化运作。加拿大主要的展览企业多为国际化的展览公司，以著名的国际展览公司励展集团（Reed Exhibitions）为例，其加拿大公司是加拿大最大的展览公司，它在加拿大承办了其25个大型展览，分布在多个行业，每年为10万家国内外采购商和销售商服务。

其次表现在加拿大的展览会日益面向国际，国内展览和国际展览不断融合。近年来中国企业赴加参展的展会主要有多伦多国际礼品展、加拿大国际食品饮料展、加拿大木工机械展览会、加拿大建筑展、加拿大五金展、加拿大矿业大会、全球石油博览会等。

加拿大还陆续举办了一系列的全球性和地区性的展会。例如在卡尔加里举行的美洲石油地质协会2005年年会、在多伦多举行的2006年国际陶瓷大会和2007美洲国际涂料展览会。

（三）展会服务水平高

加拿大展览业已经很成熟，市场化程度高，展览公司能够为参展商提供市场化的“一条龙”服务，其不但囊括了整个展会运作过程中的各个环节，而且包括展会的后续服务。

加拿大的展览公司和行业协会、展馆合作紧密。大型的展览会既有行业协会主办的，也有展览公司组织的。很多贸易展览每年定时定点举行，主办者和展览场馆长期合作，实现共赢，也方便了参展商和与会观众。

加拿大很多年度展览会和行业年会、协会颁奖、国际会议和专业论坛同期进行，可以使参展商和与会企业、专家学者济济一堂，聚拢人气，充分利用展会和年会的机会，获取最新的市场信息，进行面对面的技术交流。

加拿大展览业的电子化水平和网络普及率很高。各大展会、展览公司、展览场馆的网站内容丰富，互动性强。许多展会都通过互联网与参展商建立联系，利用电子邮件直接邀请专业人士参展。组展者、参展商和观众之间的交流通过计算机和互联网可以方便地进行。也有一些企业和社会机构通过网络积极参与加拿大展览业的推广和宣传，例如“加拿大会展网”就是以中文为主的加拿大会展信息网站。

（四）硬件设施水平高

加拿大的展馆设施的硬件水平和智能化程度都比较高，配套设施齐全。在加拿大的经济和展览业中心多伦多市就有4座承办大型国际展览的场馆，分别是：多伦多市会议中心（MTCC）、国家贸易中心（NTC）、国际中心（International Center）、多伦多会议中心（Toronto Congress Centre）。在其他城市，著名的展览设施还有埃德蒙顿会展中心（Edmonton Convention Centre）、蒙特利尔会展中心（Montreal Convention Centre）、温哥华会展中心（Vancouver Convention & Exhibition Centre）。

三、加拿大的会展中心

（一）概要

加拿大主要的展览场馆有加拿大国家展览中心（Canadian Exhibition Place）、加拿大国家贸易中心（Canadian National Trade Center）、大多伦多会展中心（Metro Toronto Convention Center，图6-17）、多伦多会议中心（Toronto Congress Center）、加拿大国际中心（Canadian International Centre）、加拿大太平洋国家展览中心（Canadian Pacific National Exhibition）、埃德蒙顿会议中心（Edmonton Convention Centre）、温哥华会展中心（Vancouver Convention and Exhibition Center）、卡尔加里展览中心（Calgary Stampede Park）、渥太华会议中心（Ottawa Congress Center）等，其中，大多伦多市会展中心是加拿大最大的贸易展览和会议中心。

2006年4月，北美Tradeshow周刊公布了2005年加拿大最大的50个贸易展览会。其中在多伦多市举办的展会有29家，其他展会集中在蒙特利尔、温哥华、卡尔加里、爱德蒙顿等城市。

（二）多伦多会展

多伦多是加拿大第一大城市、安大略省的省会，是全国工业和商业中心。多伦多市地处安大略湖的西北岸，拥有超过250万的人口，是北美洲第五大城市。多伦多接近美国东部工业发达地区，金融业、汽车工业、电子工业及旅游业在城市经济中占主要地位。多伦多每年举办的展览在加拿大占第一位。其中，国家贸易中心有超过100万平方英尺的展览面积，1年举办展会180多个。多伦多因举办多个著名博览会而闻名。

图6-17　大多伦多市会展中心

多伦多市会展中心位于多伦多市中心，是加拿大排名第一的贸易展览和会展设施。该中心拥有6万多平方米的会展空间，包括64个面积不等的会议室、一个有着1330个座位的世界级剧场以及两个设施完善的舞厅。该中心已承办过诸如国际艾滋病大会和加拿大国际汽车展在内的大型活动和会议，也承办过私人销售会议在内的小型私人会议。

多伦多市会展中心自1984年运营以来，已主办过约1.2万次相关活动，接待来宾近4000 万人。

多伦多市会展中心是加拿大第一个为客户提供绿色电力的会议中心。由于与提供100%绿色电力的加拿大顶尖供应商“牛蛙能源”（Bullfrog Power）合作，从而有效减少了活动所产生的“环境足迹”（environmental footprint）对周围环境的影响。作为领先的环保理念倡导者，多伦多市会展中心还开展了包括“活动零废弃理念”（Zero Waste Event）和3万多平方米的“绿色屋顶”（Massive Green Roof）在内的系列环保项目。值得一提的是，多伦多市会展中心还是多伦多首家加入深层湖水冷却系统的单位，采用附近的安大略湖的深层冷水为整个中心制冷，这一措施为其节省了90%的电能。

第七章
现代亚洲会展

第一节　现代亚洲会展概况

一、亚洲会展业现状

（一）亚洲会展经济的崛起

新世纪以来，亚洲的会展经济规模和水平迅速提升。日本是本地区唯一的经济发达国家，其会展业水平也很发达。东亚的中国内地及中国香港地区、西亚的阿联酋和东南亚的新加坡，或凭借其广阔的市场和巨大经济发展潜力，或凭借其发达的基础设施、较高的服务业发展水平、较高的国际开放度以及较为有利的地理区位优势，分别成为该地区的展览大国。

尤其是新加坡和中国香港地区，有较高的国际开放度和有利的地理优势，会展业相当发达。在20世纪80年代，亚洲部分国家和地区，如新加坡、中国香港、马来西亚、泰国、中国台湾等相继建立了新的场馆，举办了各种主题的会展活动，以新加坡为中心的东南亚会展业开始迅速崛起。

中国会展业的发展令人刮目相看，目前，中国已成为世界场馆面积拥有最多的国家之一。韩国会展也有较快的发展。

亚洲会展发展水平在欧美之后，但从发展规模上来看，则是仅次于欧美，而整体水平高于拉美和非洲。

（二）亚洲会议市场的发展

20世纪80年代以来，亚洲的会议市场蓬勃发展，国际与地区间的会议协会与组织先后兴起。1983年，亚洲各国之间为了达成会议产业工作网络，成立了亚洲会议局协会（Asian Association of Conventionand Visitors Bureaus，简称AACVB）组织。协会是以东南亚地区为主的，各国、各地区官方会议旅游推广部门的联合性组织。加盟的国家和地区有中国、日本、中国香港、印度尼西亚、韩国、中国澳门、马来西亚、菲律宾、新加坡、泰国等。

亚洲各国会议产业不断发展，如在菲律宾的马尼拉菲律宾国际会议中心；马来西亚的吉隆坡普特拉世贸中心（Putra World Trade Centre）及绿野会展中心（The Mines Convention and Exhibition Centre）等，各国均投资兴建大型会议展览设施，并以AACVB为中心从事有关会议市场的宣传推广活动。

2005年1月25日，亚洲展览会议协会联盟（AFECA）在新加坡正式注册成立。该协会是由北京、印度尼西亚、日本、马来西亚、菲律宾、新加坡和中国台北等城市、地区与国家的展览与会议行业协会发起，旨在为亚洲各国会展业搭建合作交流平台的非政府组织。目前该联盟已在亚洲12个国家设立了23个分支机构，重点致力于组织教育培训，促进成员间的交流合作，推动亚洲会展行业的可持续发展。

在会议基础设施建设方面，中东地区的发展速度最快。东南亚的马来西亚也一直致力于发展会议产业，希望能成为亚洲继新加坡和香港之外第三大会议旅游目的地。

在强劲的经济发展形势下，亚洲地区的会议行业正在迅速发展。

（三）香港会展

中国香港是亚太地区重要的会展中心之一，每年在中国香港举办的大型会议超过420个，来自世界各地的与会代表多达3.7万人。

香港的地理位置得天独厚，其便捷的交通、充足的资金流、发达的信息流、设施优良的展馆和高效优质的服务体系，使香港赢得了亚洲会展之都的美誉。据统计，1997年，香港举办了47个大型展览，吸引参展商2万家、买家200万人；到了2007年，香港举行各类专业会展120个，吸引来自世界各地的参展商以及专业观众500多万人，直接为香港经济创造了超过260亿港币的收入。香港每年举行超过100个贸易展览会，不但为制造商带来数以亿元计的订单，还带来数以万计参观展览会的海外商贸旅客，令香港各行各业受惠。

图7-1　香港会展中心

1966年，香港贸易发展局成立，主要定位于为香港本地工厂的贸易发展服务。现在，香港贸发局已经成为全球实力最雄厚的展览主办机构之一，香港也因此发展成为亚洲的会展之都。

9月和10月是香港会展业的旺季。目前，每年有10多项全球或亚洲最大展览经常在香港会展中心举行。这些展览会分别是香港玩具展、亚洲最大型的时装展览、香港时装节、亚太区皮革展、香港钟表展、香港礼品及赠品展、香港家庭用品展、亚太区国际美酒博览（每两年一次）、香港珠宝首饰展览会、香港电子产品展、香港国际秋季灯饰展、亚太区美容展等。

香港的珠宝业在国际名闻遐迩，2010年的香港珠宝首饰展览会，展览面积高达12万平方米，参展公司数目超过3200家，分别来自45个国家及地区。

香港会议展览中心坐落在面积为6.5公顷的填海人工岛上。有3个大型展览馆，提供2.8万多平方米的展览面积，可容纳2211个标准展台；又有不同大小的会议厅房共占地3000平方米，以及一个面积4300平方米的会议大堂。在此大堂举行会议可容纳4300人，用来举行宴会则可招待3600名宾客，是全球最大的宴会厅之一。会展可供租用总面积为6.358万平方米，每天访客流量可达14万人。会展有架空行人道连邻近的湾仔商业区，附近的公共交通工具有巴士、渡轮、地下铁路等。

香港会议展览中心曾作为多项世界性会议的主要会议场地，除了1997年7月1日香港回归中国大典在此举行外，还包括1997年世界银行年会、2000年亚洲电讯展等。2005年世界贸易组织部长级会议也以香港会议展览中心为主要场地。会展两期向海一面对开为金紫荆广场，放有象征香港回归的金紫荆雕像，也是香港每天举行升旗仪式的地方（图7-1）。

二、泰国、印度、马来西亚会展

（一）泰国会展

现代的泰国会展始于20世纪80年代。1996年，泰国兴建了第一个适合举办国际性展览的大型建筑诗丽吉皇后国家会议中心（QSNCC），确保了曼谷会议及展览设施完全达到国际标准。泰国作为主办方举办了世界银行、国际货币基金组织国际会议。

泰国会议展览局（TCEB）是具体负责实施政府对会展业扶持政策的专门机构。凡是在泰国举办商业展会的国内外会展商只要符合规定条件，均可获得政府资助。政府资助的目的是：吸引新的国际贸易展会在泰国举办；增加在泰国举办展会的国际参展商和采购商人数；提高泰国现有展会的规模和效益，或者升级地方性展会为国际性展会。TCEB的支持补助方案包括非资金支持和资金补助等方面。

知识链接

泰国政府对会展业的现行扶持政策

一、支持补助方案实施程序

1．提交申请和确认

主办方应至少在展会举办前6个月向泰国会议展览局提交一份支持申请表，连同以下证明文件：展会营销计划；展会情况说明书；展会场地平面图；以前举办展会的总结报告。

泰国会议展览局收到申请后，经对相关资料进行核实，将给主办方发送一份资金或者非资金的支持确认函。

2．现场审计

为了保证申请者所提供资料的真实性，泰国会议展览局将指定一家外部监察公司在会展期间进行现场审计。主办方应提供必要的支持和配合，并在会展开始前一个月与审计公司进行沟通协调。

主办方在会展期间还要给泰国会议展览局提供一定的场地或空

间，以便其开展一些公共宣传活动。

3．总结报销

会展结束后，主办方要填写一张附有相关数据的展会报告表（ER），连同总结报告一起上交给泰国会议展览局。

收到主办方提交的报告后，泰国会议展览局将对审计数据进行核实，然后通过电子邮件通知主办方可以获得的实际补贴金额，并将正式确认函送达主办方。

收到泰国会议展览局的实际补贴金额确认函后，主办方要给对方开具一张金额与确认函相同的发票，泰国会议展览局将在收到发票后的30天内支付现金给主办方。

二、非资金支持的具体内容

1．现场考察服务

为使国际会展商了解泰国的展会环境和政府提供的服务，泰国会议展览局为没有设立分支机构且首次在泰国举办展会的国际会展商提供一项名为“现场考察”的服务。

主办方需在抵达泰国前至少两周向泰国会议展览局提交“现场考察申请表”。泰国会议展览局提供的服务包括：两张经济舱机票；两个房间3个晚上的住宿；协助安排拜访相关的政府机构和主要商协会；在泰期间的交通安排；专业翻译人员；休闲活动。

2．信息资讯服务

泰国会议展览局可向国际会展商提供当地的市场状况、饮食文化和新闻媒介等商业信息，及提供举办展会的可行性研究分析等。

3．市场推广服务

泰国会议展览局通过国外代表机构为主办方举办展会开展对外推介活动；为主办方在泰国的宣传推广活动提供户外广告、网页链接和新闻简讯等方面的支持。

4．协助筹备服务

为参加展会的人员入境和物资通关提供便利和支持；协助主办方邀请泰国政府官员和当地知名人士参加展会开幕式或者作主题演讲；协助推荐展会场地，推荐展会服务公司，协调安排展会的现场安保。

值得注意的是，泰国会议展览局的所有的资金补助必须在年度预算内按照谁先申请谁先获得的原则进行审批，直到可供分配的预算资金使用完毕。如果当年的预算资金已经分配完毕，泰国会议展览局保留取消对申请者进行补助的权利。

1998年亚洲金融风暴之后，泰国政府出台了一系列促进会展业发展的优惠措施，蒙通他尼展览中心（IMPACT）、曼谷国际展览中心（BITEC）等一批具有国际水准的会展中心的先后投入使用，标志着泰国会展业近年来的飞速发展。

泰国蒙通他尼展览中心（IMPACT）拥有14万平方米的展览空间，是曼谷的大型展览馆之一。

蒙通他尼展览中心大大小小的展厅共计36个，其中还拥有目前世界上最大的无柱展厅，面积达6万平方米。场馆的建设别具一格，现代设计理念与艺术性的完美结合，使这里每天有大量的商务人员来来往往。

国际机械的盛大交易会"泰国国际机械交易展"就是在蒙通他尼展览中心举办的展会，至2010年已举办了25届。展览会采取展贸结合的方式，主要展出的展品范围包括动力设备机械产品、重型机械、机械金属加工及机械工具、焊接仪器及零部件、袋装和瓶装机器、印刷机、各种手动工具、材料处理及物流仪、塑料及橡胶加工机器、服装纺织机器、各类包装机械、各类农用机械、食品加工机械、自动快速精准机、各类空气压缩机、各类用于工业环保的使用技术、工厂及实验室专用仪、各类水泵阀门五金件、各类五金工具产品（图7-2）。

曼谷国际贸易展览中心（BITEC，图7-3）也是泰国著名的展览中心，它拥有四个2万平方米的展览大厅和一个6000平方米的展厅，可以提供从5000～26000平方米大小可变的展览场地。作为亚太地区顶级的会展中心，拥有世界一流的展览设施、全面配套的服务体系，同时在每个场馆都提供先进的网络设施，为展会提供良好的通信服务，可以让主办者、参观者感受到多功能多语言的第三BTIC管理与服务。展馆同时拥有3.6万平方米的可利用空间，32个进料台和15个直接驶入通道，其空间的优势使其受到了一些大重型机械展的青睐。

图7-2　泰国国际机械交易展现场

图7-3　泰国曼谷国际贸易展览中心

（二）印度会展

印度是世界人口第二大国，是一个具有近3亿中产阶级，总人口超过13亿的巨大市场。自1991年以来，印度实施经济改革取得了较好的成效。2001年，印度GDP总额为4310亿美元，在全球居第10位，成为发展中国家中的第四经济大国（列中国、巴西和墨西哥之后），人均国民生产总值约为450美元。近年来，虽然印度经济发展较快，但各个产业发展很不平衡。印度的软件开发速度惊人，平均每年以50%的速度增长，其他工业产品和生活用品大多较为落后，还有很大的发展潜力和贸易空间。

印度是个传统的展览会国家。现代化的传统市集概念已在过去30年中逐步转变。从1991年开始，印度发生了引人注目的转变，国民的生活水平得到了前所未有的提高，使得展会的组织者致力于在主要城市举办现代化的会展。目前，印度有11个展览中心和20个会议厅，总面积为32万平方米，每年举行上百个较大的展览会。

1. 新德里国际博览中心

新德里国际博览中心（图7-4）是目前印度新德里设施最齐全的世界级展览馆，紧连六大高速公路网络，邻近新德里国际机场，交通便利，离新德里市仅45分钟车程。其拥有四大主要展厅，每个展厅净面积达3500平方米，并备有会议室、贵宾室、停车场，自2006年1月启用后，多个国际性展览会已在此举办。

2. 孟买展览中心

孟买展览中心（图7-5）是目前孟买最大、设施最完备的展览场馆，自1991年改建用于展览场馆后，迄今已经举办了数届国际、国内展会。目前，

图7-4 新德里国际博览中心

图7-5 孟买展览中心

BEC拥有4个场馆，展览面积超过4万平方米 。

3. 海得拉巴国际贸易博览中心

海得拉巴国际贸易博览中心是印度最先进的国际展览馆、会议中心、贸易展场之一。2003年1月落成。博览馆是科技城的公司枢纽，也是印度最先进的展览中心。面积将近40平方公尺，由德籍建筑师主导设计概念，秉照德国进口中心规格设计，具有最好的硬体设备和服务。

（三）马来西亚会展

马来西亚是东盟第二贸易大国，对外贸易稳定增长。在全球最大贸易国排名中，马来西亚居第20位，是印度最大的东盟贸易国，也是中国第二大东盟贸易国。在地理位置上，马来西亚是东盟的门户，处于东盟国家的战略中心地位。东盟这个拥有5亿多人口的经济体，在经历了1997年亚洲经济风暴之后，经济社会已全面复苏，经济增长明显加快。为了尽快发展本国经济，东盟各国都在积极寻求和创造经贸合作的机会。这就为马来西亚会展业提供了很多主办亚洲区域和东盟国家各类展会的机会。马来西亚拥有得天独厚的地理优势和丰富的天然资源。独立以来政治和社会协调发展，经济保持稳定增长，会展业也保持着良好的发展势头。

1. 起步晚，发展快

马来西亚的会展业于20世纪五六十年代开始萌动，20世纪70年代仍处于起步阶段，八九十年代快速发展，进入21世纪后基本成熟。

2004年，马来西亚政府审批的涉及贸易的国际性展览为44个。2005年，在马来西亚举办的110多场的国际国内展览会，平均每场启用面积7550平方米，较2004年平均每场6460平方米增长了16.8%。无论是数目还是规模，增长趋势都十分明显。

2. 政府重视会展业

马来西亚外贸发展局是马来西亚全国性的贸易促进机构，主要负责涉及贸易展览和会议活动登记和管理工作，由该机构审批的展会占80%以上。此外，马来西亚旅游局、国防部等部门对某些专业有审批管理资格。

近年来，马来西亚政府实施了一系列有助于刺激会展业发展的措施：如对中小企业参加各类国际性会展给予政府补贴、采取商务旅游奖励措施，提升会展效果以及对国内外展会设立认证支持系统等。

知识链接

马来西亚国内外的展会认证规定

符合条件的各类展会均可以得到马来西亚外贸发展局的认证，认证一旦通过就可以得到政府部门的支持。认证条件如下：组织者必须是在本地或国外注册的合法公司；展览地点必须有配套的设施；展览活动至少要有100平方米的规模；展示内容（产品、技术和服务事务）符合产业政策；申请认证必须使用马来西亚外贸发展局的 E1表格，并持有上次展览会的审计报告；国际性展览会必须满足至少20%的外国参展者等。

3. 品牌展会逐渐形成

目前，由马来西亚主办的国际展会越来越多，知名品牌也逐渐形成。比较著名的展览有浮罗交怡海空展、亚洲防务展（全球第二大国防展）及马来西亚国际家具展（区域最大的家具贸易展）、国际印刷包装机械展（已连续成功举办18届）、国际食品饮品展（以清真食品为着力点）等。比较成功的展览还有国际旅游展、食品与酒店展、国际美容展、金属科技展、石油与天然气展、亚洲通信与多媒体展等。

4. 会展全球网络体系

以较为完善的设施和重大展会为依托，马来西亚会展业全球网络逐渐形成。马来西亚外贸发展局分别在中国（北京、上海、广州、香港）、日本（东京、大阪）、韩国、越南、泰国、印尼、菲律宾、印度、新加坡、美国（纽约、洛杉矶、迈阿密）、巴西、智利、澳大利亚、德国、英国、法国、意大利、荷兰、匈牙利、俄罗斯、肯尼亚、阿拉伯联合酋长国、沙特阿拉伯、中国台北等国家和地区设立分支机构，为本国会展业提供宣传和招展服务。国内会展主办者也建立了多方位、多层次的招展体系，采用内部强强结合、境内外结合，设立长期驻外招展小组和名优展会海外分支机构等多种方式加大宣传和招展力度，国内外展览市场同步拓展，基本形成了良性循环系统。

5. 现代化的会展运作

马来西亚互联网相当发达，对会展业的经营模式产生着重大影响。近年来，会展业的电子商务已在马来西亚会展经济中全面兴起。几乎所有的展会场所和展会都有自己的固定网址定期发布信息，通过网络报名、展示产品或进行招展服务。展览过程中涉及展馆、展品、活动、人员信息和数据搜集与传递等各个环节，电子商务都已经涉及。互联网的参与大大提高了展会的效率，提升了马来西亚会展业的整体形象。

6. 展馆设施完备

马来西亚可用作会展的设施已初具规模，在全国初步形成了五大会展中心。按照面积排序，处于马来西亚北部佛罗交怡的国际展览中心面积最大，为7.14万平方米；其次为坐落在首都吉隆坡的太子世界贸易中心，面积为5.7万平方米；吉隆坡郊区的绿野国际展览与会议中心位居第三，面积为3.8万平方米；位于马来西亚南部的马六甲国际贸易中心名列第四，面积为1.39万平方米；2005年新投入使用的吉隆坡会议中心（图7-6）最小，面积也有9710平方米。五大会展中心的总面积达到了19万平方米。

位于首都吉隆坡的三大办展地点，即太子世界贸易中心、绿野国际会展中心和吉隆坡会议中心是马来西亚各类展会举办最为频繁的地方，承担着马来西亚80%以上的展会任务，大多数国际性会展活动均在这里举办。

图7-6 吉隆坡会议中心

三、中东地区会展

（一）概况

中东地区是指地中海东部与南部区域，从地中海东部到波斯湾的大片地区，一般说来包括巴林、埃及、伊朗、伊拉克、以色列、约旦、科威特、黎巴嫩、阿曼、卡塔尔、沙特、叙利亚、阿联酋和也门、巴勒斯坦、马格里布国家以及苏丹、毛里塔尼亚和索马里，由于其历史文化原因一般被认为属于中东国家。

中东的会展业起步较晚，20世纪90年代，迪拜会展业进入“爆发式”发展阶段，带动了整个中东会展业的发展。目前，迪拜已进入全球新兴会展城市行列。

由于石油美元刺激了中东经济和商业的发展，政府也有意扶持包括展览在内的第三产业，促使中东会展快速发展。

中东地区的展会最多的是消费类展览，其余的展会大多与家居、建筑、房地产有关，展出的产品以成品和半成品为主。展会现场以订单贸易为主。有相当一部分行业展会最初是由行业协会组织的，近年来逐渐发展为有专业展览公司和行业协会联合办展。中东地区的展会观众大多是进口商、分销商和批发商，这决定了观众的专业性不足（表7-1）。

表7-1　中东地区的重要展会

行业	展会名称	主办方	举办地
建材	阿布扎比海湾建材展	REED	阿布扎比
	Big5	DMG	迪拜
建筑	木材及木工机械展	SME	迪拜
机械	bigPMV	DMG	迪拜
	中东国际机械设备展览会	IIR	阿布扎比
食品	中东甜食与休闲食品展	科隆	迪拜
	海湾食品展	世贸中心	迪拜
电力	电力、灯具、新能源展	IIR	迪拜
能源	阿布扎比水电能源展	IIR	阿布扎比
	石油、天然气、石油化工及技术设备展	世贸中心	迪拜
眼镜	VISION-Dubai	世贸中心	迪拜
纺织	中东国际服装、纺织、鞋类及皮革展	IIR	迪拜
家具	INDEX	DMG	迪拜

（续表）

行业	展会名称	主办方	举办地
其他行业	商业安防及消防器材展	法兰克福	迪拜
	中东迪拜机场展览会	SMG	迪拜
	中东游泳和水疗展览会	REED	迪拜
	海湾交通展	IIR	迪拜
	阿布扎比国际电子通讯展	IIR	阿布扎比
	伊朗国际石油、天然气、石化展览会	Orient Exhibitions	德黑兰

资料来源：卢群峰.中东与欧洲展会各有千秋[J].进出口经理人，2008（8）.

（二）阿联酋会展

阿联酋会展业是中东地区翘楚，2008年在阿联酋境内举办的各类专业展会占中东地区展会总数的2/3。目前，阿联酋全国拥有大中型展览场馆10余座，可使用展览场馆面积18.25万平方米，占海湾地区保有总量的75％以上。阿联酋平均每年举办160余场国际展会，展商总数累计5万多家，接待观众700余万人次，已成为中东地区当之无愧的“国际展厅”。会展业在阿联酋正跳跃式增长，并向着规模化、专业化、品牌化方向发展。各酋长国均将举办展会视为刺激本地经济发展的重要推动力量，并依据白身城市文化特点逐步打造出各地品牌会展。阿联酋国内现已初步形成了阿布扎比、迪拜和沙迦三地鼎立的会展格局。全国乃至海湾地区每年60％以上的国际性展会均集中在上述三地举行。

在阿联酋政府的鼓励下，英国励展集团、国研会展集团以及德国法兰克福展览公司等国际会展巨头相继在阿联酋国内主要展览中心设立了常驻办事处，其中一些公司已经与阿政府签署定期组织大型国际展会的长期合作协议。据统计，仅迪拜一地知名国际策展公司即占业界公司总数的80％以上。众多国际一流公司参与策展，使阿联酋国内举办各类展会水准长期保持国际领先水平。

图7–7　迪拜世界贸易中心

阿联酋拥有迪拜国际展览中心等一批闻名世界的现代化多功能展览中心。迪拜世界贸易中心（图7–7）是中东最重要的贸易展览中心，所有中东最重要的展览都是在该中心举行，每年举办100多个国际大型展览。迪拜拥有众多的商业机会，是进入中东每年2000亿美元市场的必经之路，又是世界经济组织中国际会展的基地，中心共有7个主展馆，面积为31955平方米，具备一流的国际标准展览设施。

近年来，包括世界500强在内的众多国际企业都将参加阿联酋展览会作为进军中东市场的桥头堡。历经30年的成长壮大，阿布扎比国际石油展、中东五大行业展、迪拜国际汽车展、中东国际通讯科技产品展、迪拜航空展以及阿布扎比国际防务展等一批取得国际认证的大型专业展会已逐渐发展成为中东乃至亚洲地区最具影响力与权威性的业界典范，在展览规模、服务支持等各方面均已接近国际顶级水准，被众多跨国企业列入年度参展计划，成为本地展会品牌化的突出代表。

（三）沙特阿拉伯会展

沙特阿拉伯是中东石油化学制品领域的先驱者。向100多个国家出口石油化学制品。沙特的石油化学制品创造了一条供应和需求、购买者和销售者、投资者和决策者、供应者和代理者的国际履带。受石油化学产业的影响，沙特阿拉伯的会展业有较快的发展。

2009年，沙特阿拉伯共有177个国际展会，其中沙特阿拉伯石油化工展，沙特阿拉伯石油天然气展，印刷、包装、塑料和石油化工展，国际皮革展，国际家具展，沙特阿拉伯医疗展，沙特阿拉伯水、电、能源展等较为知名。利雅得、达曼、吉达、塔伊夫、麦地那、拜利德、伊哈萨、艾卜哈、赫巴尔等都是举办会展的城市。

沙特阿拉伯利雅得会展中心（图7-8）是一个现代化的国际展览及会议中心，展览面积超过10万平方米，外部展出面积也达10万平方米。配套设施包括VIP单元、新闻发布单元、餐厅、会议单元、展览服务中心、货运办公室、展台承包商以及充足的停车车位等。每年有数十场重要的展会在这里举行。

图7-8　沙特阿拉伯利雅得会展中心

第二节 现代新加坡会展

一、新加坡会展的现状

新加坡是世界航运枢纽之一，便利的交通紧密联系世界各主要城市，得天独厚的地理条件使其成为一个商业和旅游中心。仅在2000年，新加坡举行的各种国际会议、展览及奖励旅游就达5000次，前来参加这些会议展览的人数达40多万人次，而每年前往新加坡旅游观光及参加各种国际会议、展览的人数比新加坡的总人口还多。2004年，新加坡接待旅游者达835万人次，其中，会展活动接待量约200万人次。新加坡曾被总部设在比利时的国际协会联合会评为“世界第五大会展城市”。

新加坡已主办过许多具有国际声望的世界级会展活动，如亚太航空展、1996年的世界贸易组织总理会议、1999年的第90届弗伦社国际会议、2001年福布斯全球总裁会议、2001年国际纺织机械亚洲展、2003年世界经济论坛——东亚经济峰会以及举办多年的亚洲国际通信科技展览会，亚洲国际食品饮料、酒店服务展览与研讨会，新加坡国际家具展等。

国际协会联盟排名榜显示，在2009年国际协会联盟评选的“国际最佳会议城市”的排名榜上，在全球1653个参选城市中，新加坡再次占据榜首的位置，从而连续三年荣获“国际最佳会议城市”的头衔。在有194个国家参选的“国际最佳会议国家”的排名榜上，新加坡排名第二，排在法国之前、美国之后。这也是新加坡连续26年夺得“亚洲最佳会议城市”和“亚洲最佳会议国家”的桂冠。按照国际协会联盟制定的标准，新加坡在2009年共主办了689项达标的国际会议，比2008年增长了8%。这些会议包括新加坡国际水源周、新加坡国际能源周、2009年亚太经济合作组织（APEC）峰会、第11届世界海南乡团大会、2009年世界牙科联盟年会、第78届国际刑警大会等。此外，全球展览联盟（UFI）在亚洲认证的展览会中约有1/3在新加坡举行。

新加坡现有40多家专业会展公司。其中，最大的一家为新加坡展览有限公司，其展览项目份额占新加坡市场份额的29%。该公司创立了30多年，2002—2004年，该公司举办展览共接待31.8万人次；2005年和2006年该公司承办主要展览19个。每次展览的外国参展商比重一般能达80%，大多数都同时得到了新加坡旅游局认证（AIF）和国际展览业协会联盟认证（UFI）。

新加坡会议与展览行业协会成立于1979年，会员覆盖三大类型企业，即专业展览主办商、专业会议主办商以及相关服务和器材提供商供应商。目前拥有100多家企业会员，是新加坡唯一的最具有权威性的国家会展行业协会。

二、新加坡会展中的政府角色

新加坡贸易与工业部所属旅游局专门设立商务会展奖励旅游司，统筹各项发展事务。通过行销、产品开发、渠道拓展等方式协助活动的策划、宣传、组织、协调。该署集行业发展、商务开拓和市场推广功能于一体，目标是维持并加强新加坡作为具有亚洲领先地位和世界水准的会展中心。

（一）项目服务

新加坡展览与会议署具体服务项目包括协助策划、组织和协调展会活动；为会议、旅游和展览活动提供有关新加坡设施和服务方面的信息；为主办者安排现场观摩；推广宣传活动和相关广告以吸引更多的来宾；为技术访问或配偶参观活动提供特别安排；为活动提供相关资料和信息。

（二）办展自由

新加坡对举办展览会不实行申报审批制度。无论本地的或国外的展览公司在新加坡举办展览会都不需要向政府部门登记。如果展览公司需要政府提供认证或帮助，则必须要向政府提出申请和提交举办展览会的详细资料，包括统计报表等。

（三）财力支持

政府一直致力于推动本地会展业的发展。对会展业提供一定的财力支持。如对出外参展办展的由新加坡贸易发展局给予支持；对外来办展的由新加坡旅游局有条件地给予赞助，一般是按一个展览会海外宣传费用的30%给予赞助。

（四）认证制度

新加坡政府对会展项目实行认证制度。由新加坡旅游局发出两项认证：一是国际展览认可计划（标志为AIF），受到AIF认证的展览除达到国际标准外，还要求有大量的海外参展商、买家、会议代表以及促成可观的贸易成交量；二是获新加坡旅游局支持的活动，即除AIF认证外，对其他有发展成为国际级活动潜能的较新的或有独特市场的贸易展，可鉴定为“获得新加坡旅游局支持的活动”。

知识链接

新加坡的会展业统计

新加坡政府对会展业的统计主要通过两个途径进行。一是有偿发包给中介公司取得总体统计数据及部分分项统计资料。具体由政府招标，与中标公司签订协议，一定三年并付费。中标中介公司根据协议在会展公司、会展场所、酒店等地进行有关的抽样调查和问卷调查。根据调查所得资料结合政府提供的出入境行政记录，测算出总体统计资料及分项统计资料，再委托另一家中介公司进行第三方审计后，按月向新加坡旅游局提供报告。二是取得认证的企业向政府有关部门报送报表。展览业企业在向政府申请认证前必须上报企业有关资料，包括历史资料。认证后每期会展均要向政府上报报表；宾馆酒店向政府申请旅游区宾馆酒店认可，也必须向政府上报报表。如果不报报表或中断报表，政府不予认可（认证）或将取消认可（认证）。据介绍，新加坡企业普遍重视政府的认证，绝大多数会展公司、宾馆酒店都自觉向政府上报报表。新加坡展览情况也是按项目统计，绝大多数展览项目均纳入了政府统计。

新加坡会展业统计的核心指标是人次、人均花费、人均停留天数三大指标。此外，还按国别分组；按参展商、买家、会议代表、媒体分组。新加坡政府会展业总体数据每年统计一次，分项数据每月统计一次。

新加坡企业统计十分详细，在满足政府统计报表需求的基础上，还增加了许多内容。一般调查项目有9个方面，包括感兴趣的展览、本人的职业、公司的业务、感兴趣的产品或服务、参展的目的、曾参加过的展览、从何得知本次展览、海外参观者填写项目、参观者名片项目（含国别）等，合计选择或填写分项上百个。填了问卷才可获准入场。为方便入场，有历史记录的老客户可免填，也可在指定网址上在线登记，提供名片者可免填部分项目。办展发表获得的统计资料除为满足政府报表需要外，更是为今后办展积累客户资料。这些资料是公司宝贵的资源财富。

新加坡会展业企业统计实行审计制度，即由政府部门认可的中介公司，对企业上报的报表进行审计。企业数据汇总后，要连同原始资料送交政府认可的中介公司。经中介公司审核认可后，企业才能将报表报送新加坡旅游局。据介绍，有时中介公司对原始资料进行抽查，如认为部分观展人员资料显示不具备业内人士条件，就会提出数据调减的审计意见。

三、新加坡的会展中心

新加坡的基础设施非常完善。目前有64家国际航空公司的航线，可直飞50个国家的154个城市。在以新加坡为中心的3小时飞行距离内，有 2.5亿人口在活动，新加坡的枢纽位置非常适宜举办国际性展会活动。发展会展经济、展馆建设是首要条件之一。新加坡具有较大规模的、设备环境配置完善的会展设施。

新加坡博览中心、新达新加坡国际展览与会议中心及莱佛士城会议中心是新加坡三大会展中心。

（一）新加坡博览中心

新加坡博览中心（图7-9）是亚洲最大的展览馆之一，2002年4月开始正式启用，是政府的重点投资项目之一，总投资额为2.2亿新元，占地面积为25公顷。该中心建有6万平方米的展览馆与2.5万平方米的室外展览场，以及10个大小不同的会议厅和9个会客厅，配备有先进的翻译、通信和传播设备。除了拥有可停放2200辆汽车的停车场和两个出租汽车站外，博览中心还建有新加坡的第二大餐厅，可同时供1万人用餐，为参展商提供不同档次的商务餐饮。此外，新加坡的会展中心还建有各种大型名优商场、不同档次种类的餐馆、出租写字楼和饭店等，实行多元化经营。这既方便了参展商，也吸引了众多其他客源，是对经营展览中心的一种常规补充，收入非常可观。新加坡博览中心举办过的展览包括1999年国际家具展、1999年亚洲通讯展、2000年亚洲金属铸模机械科技展及2000年亚洲制造科技暨设备展等大型活动。

（二）新达新加坡国际会议与展览中心

新达新加坡国际会议与展览中心（图7-10），是滨海湾地区最具代表性的建筑之一，也是亚洲著名的国际会议与展览中心。20世纪80年代，新加坡总理李光耀先生亲自出面诚邀以李嘉诚为首的11位香港商家组团前来新加坡考察、投资，而完成其建造总共耗资6亿多新元。

会展中心展览面积为5万平方米，拥有1.2万平方米展览大厅（可分为4个独立展厅），可容纳1.2万人的无柱结构会议大厅，整个新达城由5栋大厦组成五指掌状，形成集会议、展览、办公、商业、餐饮、娱乐等多功能为一体的商业经济圈。

图7-9　新加坡博览中心

（三）莱佛士城会议中心

在新加坡的滨海区域，汇集了新达新加坡国际会展中心和莱佛士会议中心两个世界一流的会展中心。莱佛士城会议中心拥有3个会议大厅和15个会议室，可分割成27个会议区域，所有会议厅和会议室都配备了闭路电视系统，中心则配备了卫星系统，可进行全球会议。2010年，亚洲地区孔子学院联席会议就在新加坡的莱佛士城会议中心召开（图7-11）。亚洲地区孔子学院的院长们在本次会议上介绍了本国孔子学院的建设成果及特色，并重点围绕本土汉语教师的培养与培训、汉语特色教材的推荐与开发、支持中小学开设汉语课程、“长城汉语”教材展等项目的落实及资源共享进行了讨论。

图7-10　新达新加坡国际会议与展览中心

图7-11　亚洲地区孔子学院2010年联席会议在莱佛士城会议中心召开

第三节 现代日、韩会展

一、现代日本会展

（一）日本会展综述

1. 发达的会展业

一般而言，经济越发达的地区会展业发展越早、越快，会展市场越成熟。而日本经济高度发达，国民拥有很高的生活水平。GDP方面，2009年，按照国际汇率计算，日本国内生产总值达5068万亿美元，居世界第二位。

日本是亚洲地区第一个举办世博会及奥运会的国家，已经成功举办了4次世博会。早在1964年，日本东京就成功举办了奥运会，可以说日本会展业已达到了世界先进水平。

日本是世界商业贸易中心之一。日本会展业的优势在于，一方面日本的国际认知度高，作为世界知名的商业中心，受到许多国际商务会议和展览的青睐；另一方面，高新技术为日本收集和统计会展资料、进行会展研究提供了技术支持。

日本的展览业无论是展览的档次、水平，还是展馆的设施和经营管理，都非常好。但由于日本国内市场一直非常发达，所以日本长期以来只专注于国内市场，少量面向欧美，对国际市场的开拓缺乏进取。绝大多数展览商和观众也都来自日本国内的企业。

2. 国际会议位居亚洲首位

在亚洲地区设有众多的国际组织总部，国际组织的定期会议在客观上促进了亚太地区会展的发展。就举办国际会议的数量而言，日本位居亚洲的第一位（表7-2）。

在日本，国际会议产业自20世纪60年代起步以来，特别是90年代以后，与IT业、旅游业共同成为推动日本经济增长的重要产业。目前，日本的会议产业已取得了可观的经济和社会效益，提高了会议举办地的知名度，有力地促进了区域振兴。除东京、大阪、福冈等大城市外，一些中小城市国际会议产业的专业化、国际化水平也比较高。

表7-2 国际组织总部在亚洲的分布（按国家）

国家/地区	国际组织总部数量（个）
日本	474
印度	358
新加坡	138
中国香港地区	108
中国内地	73

1968年以来，日本一直都是全球15个主要会议举办国的成员之一。据国际会议协会统计，2009年，日本位居世界主要会议国家第八位。日本2009全年举办了257个国际会议。

著名的《京都议定书》就是1997年12月在日本京都由联合国气候变化框架公约参加国三次会议制定的。

（二）日本会展管理

1. 管理体制

日本会展的管理由政府、行业协会和企业共同组成。政府部门负责会展业管理的主要是日本贸易振兴会（JETRO）和日本观光振兴会。其中日本贸易振兴会还专门设置了会展部。与会展有关的协会有日本大型活动振兴会和日本展示会协会（JEXA）。与会议有关的协会有日本专业会议主办商协会和日本会议营运事业者协议会，专门负责会议的运作。

日本政府为促进会展业的发展，在1994年颁布了《国际会议促进法》，该法通过减少税收等手段来鼓励国际会议组织者。1997年，为国际会议和旅游城市设立了标准。1995年，日本成立了会议局，从而加强了政府部门、地方会议局和企业之间的联系，有力地促进了日本会展业的发展。

在办展申请上，日本实行资格认定制度。根据《通过举办国际会议等振兴国际旅游的法律》及其《实施法》，具备主办展会条件的地方政府（市町村）向运输大臣提出办展的资格认定申请，由国际旅游振兴会负责提供信息、宣传促销、资金援助以及人员培训等。

在组织设置上，采取自由入会的方式，与相对应的政府主管部门通过审议会的形式进行对话，协调会展业发展中发生和存在的各种问题。如爱知世博会以经济产业省为世博会政府主管部门；以财团法人“2005年日本国际博览会协会”作为世博会整体规划与实施的执行机构，负责制定场地设计与规划蓝图等。

2. 管理模式

日本会展经济的运营和管理是一种政府政策扶植，行政作用参与其中，大型会展企业起主导、中小会展企业广泛参与的行业协会模式。其突出特点是强调政府的推动作用，对内是政府机构，对外是民间团体。行业组织处于政府与企业的中间环节，既强调行业组织的独立的民间组织地位，同时也要协助政府完成一定的行业管理任务。

日本从政府职能中逐渐剥离出一些职能转交给行业协会，使行业协会在政府的主导下得以产生。行业协会具有庞大的组织机构和较高的组织化程度，协会的覆盖面广，政府与行业协会是一种合作协调关系。

在会展经济的运营和管理上，人才培养、评估总结等是日本会展行业协会的重要工作内容。在人力资源管理方面，招募和培养会展人才，实行从业人员资格认证和法人资信评估制度。在多次举办国际会展的实践中，日本建立起了比较完善的会展评估制度，特别是在爱知世博会申办成功后，首创详细调查与规划的世博会环境评估体系。另外，值得注意的是，日本还依法成立独立行政法人“日本万国博览会纪念机构”，设置“日本万国博览会纪念基金”，针对世博会场馆等后续利用的管理、纪念日本成功举办世博会的文化活动或国际交流活动等提供资金援助。其资金使用、债券发行等须经财务相同意，并提交中期目标事业报告及评价报告。

行业组织对会员的服务，可说是全方位的，其服务内容包括法律援助、教育培训、调解纠纷、对外交流、协调产品（服务）价格或产量、企业的规划与发展环境、信誉共享等。各行业组织经过长期实践形成的各具不同特点的行业规则、惯例对有关法律框架是一个有效补充，以行业组织为主体的民间仲裁机制大大提高了解决市场争端的效率、降低了交易成本，可以有效补充市场制度不具备的缺陷。在日本，绝大多数的企业纠纷都是通过行业组织来解决的。

（三）日本的会展中心

根据日本提供的资料，日本全国共有各种会展设施291个，总面积为106.4万平方米；主要分布在以东京为中心的关东地区（35.4%），名古屋、静冈周围的中部地区（21.8%）和以大阪、神户为中心的近畿地区（17%）。这三大地区的面积占了日本全国的74%。

1. 东京国际展览中心

东京国际展览中心是日本规模最大、技术最先进的展览中心，由东京市政府修建，1996年4月建成。整个展览中心面积24.3万平方米，建筑面积为14.1万平方米，展览面积为8万平方米。

东京国际展览中心主要展览厅位于西厅和东厅内。西厅有4个展览区，被设计为小型展览区。邻近的室外和屋顶展区也可根据需要用于展览。东厅有6个展览区，两边各3个展厅，由长廊相连，可变成一个大型展区。塔楼中有规模不一的会议室。最大的国际会议厅要容纳1000人。配置包括一个250英寸高清晰度的录像放映机、音响灯光设施、会议系统、高新视听系统和八语同声翻译器。

东京国际展览中心采用最新的视听和数据信息传送系统来连接展览厅和会议中心。计算机系统可处理输入、输出并提供展览信息、会场信息、地方交通及天气、新闻等信息。具体设施包括：① 大型屏幕。安装在入口广场，播出大量与展览有关的图像资料。② 大型电子信息牌。展览中心的主要通道安有6个大型电子信息牌，起着引导观众的作用。③ 小型电子信息牌。展览中心内有67个小型电子的信息牌，向观众指引馆内设施及地方交通。展览组织者也可将此用作消息发布栏。④ 演播室。由一楼的演播室控制整个视听信息。此外，还设有接待室、会客室、餐厅、休息室、购物中心等。作为东京大展览的象征——高立的会议楼，象征着面向世界，其造型独特，给人一种挺拔向上的感觉，而形状又像古代人的大帽子，有一种东方的感觉（图7-12）。

2. 幕张国际会展中心

幕张国际会展中心（图7-13）位于日本千叶县千叶市。幕张国际会展中心是日本第二大展览馆，其规模仅次于东京国际展览中心。它占地面积达21万平方米，建筑面积达16万平方米，展览面积达7万平方米。东京车展、东京电玩展、日本高新技术博览会等大型展会均在此举办。

图7-12　东京国际展览中心

图7–13　幕张国际会展中心

图7–14　横滨太平洋会展中心

3. 横滨太平洋会展中心

横滨太平洋会展中心（图7–14）位于横滨市内横滨湾港口未来21地区，距东京乘电车约40分钟，是横滨最大的国际展览场地，设施配套齐全。这里举行过许多大型的国际会议（如2008年的非常开发会议）、音乐会、开学典礼（如横滨田立大学、神奈川大学、国士馆大学等的入学仪式），还先后举办过国际航空宇宙展（2004年）、ET软件设计机器人竞赛（2005年）、第22届国际电动汽车研讨会（2006年）等重大展会。

二、现代韩国会展

（一）韩国政府对会展业的扶持

1988年的汉城奥运会使韩国的国际声誉得以提高，国内基础设施的改善也为韩国会展产业的发展奠定了基础。韩国的IT行业、通信业、消费品以及文化休闲都非常发达，辅助了韩国会展业的发展。会展的品质吸引了越来越多的国外展商及购买者。韩国正在逐渐成为各种展会的新的亚洲中心。

在韩国，会展业被称作“旅游业之花”。会展活动对于旅游等其他关联产业的拉动作用也更加明显。据韩国观光公社的统计，2007年国际会议参加者在韩国的消费额是每人2488美元，为一般游客的2.7倍。

韩国政府十分看重会展产业在提升国家品牌效应方面的作用。据有关部门推算，2002年韩国通过举办世界杯足球赛，国家品牌价值提升了约8万亿韩元。

韩国展示产业的政策管理部门是知识经济部。在该部的推动下，韩国于

2008年3月制定了《展示产业发展法》，并于当年9月开始实行。

韩国政府对会展业的政策措施主要有扩大和改进展示产业基础设施；推动展示会的专业化、大型化和国际化；强化展示产业的发展基础；向展示业界提供实质性支援，通过税收、保险等制度改革，帮助会展企业解决实际困难等。

2009年1月13日，韩国总统李明博主持召开了国家科技委员会和未来企划委员会会议，会上将会展产业列为高附加值产业的代表。

韩国政府采取多种措施对会展业予以扶持。包括政府出资支持会展业相关教育课程的日常运行；支持构建统一的韩国会展业信息系统；继续为会展产业的培育构建法律制度和环境；建立专门的官民合作机构支援会展产业等。此外，韩国政府还将在国外设置招揽国际会议的专门机构，并加强对国际会展市场的开发和研究。

韩国地方政府也纷纷采取了支持会展业发展的措施。韩国京畿道政府出资1200亿韩元（约为1亿美元）支持建设韩国国际会展中心的第二展馆。第二展馆建成后，韩国国际会展中心的展场总面积将超过10万平方米。

首尔市政府则宣布于2014年前在首尔火车站附近新建完成一处综合会展中心。该中心包括3个能容纳7500人的大会议厅以及两个面积为8000平方米的大型展厅，总面积达到5万平方米，规模将超过韩国首尔世界贸易展览中心。

大田市将2009年定为“大田会展产业的飞跃之年”，动员所有行政力量对会展业给予支援。

（二）国际会议产业迅速发展

韩国国内仍将会展产业分成国际会议产业和展示产业两大部分进行支援和管理。国际会议产业的政策管理归属文化体育观光部，政策执行与具体支援则由韩国观光公社负责。

按照国际协会联盟（UIA）的统计标准，韩国在2007年共举办了268场国际会议，世界排名第十五位，在亚洲仅次于日本和新加坡，跃居第三。2007年韩国的国际会议较10年前增长了362%，增长率为世界最高。

韩国国际会议产业的发展速度非常惊人，主要的做法有：

1. 以大型国际活动为契机，推动国际会议产业上台阶

2000年在首尔举行的亚欧峰会，韩国以此为契机加快了大型专业会展场馆的建设，与国际会议有关的硬件设施得到了极大改善。

2002年韩国与日本联合举办了世界杯足球赛。通过承办此次赛事，韩国的国家品牌得到了广泛宣传，知名度和影响力明显提高，这对于韩国招揽国际会议产生了非常正面的影响。

2005年在釜山举办APEC首脑会议。此次会议为地方城市承办大型国际会议积累了经验，有力地推动了韩国会议产业的均衡发展。

2. 以产业立法为依据，为国际会议产业创造有利环境

为了促进国际会议产业的发展，韩国政府积极推动相关立法活动。《国际会议产业培育法》于1996年12月正式制定，1997年开始颁布实施，至2008年该法共经过了5次修订，不断趋向完善。

《国际会议产业培育法》的制定明确了“国际会议产业”的概念，提高了政府和国民对于该项产业重要性的认识。该法将国际会议设施的有关投资视同为社会基础设施的投资，给予保护和税收优惠政策，这项措施提高了市场相关投资的积极性，有力地推动了国际会议基础环境的改善。

3. 专门支援机构的设置十分重要

韩国观光公社是负责国际会议产业支援的实施部门，为此，观光公社专门成立了名为“韩国会展事务局”的机构。该机构以支援民间团体招揽和举办国际会议、搜集并提供国际会议的有关信息、培养国际会议专业人才为业务核心，为韩国国际会议产业的发展做出了非常大的贡献。

（三）韩国的会展中心

韩国拥有各种展览场馆，可以适应各类会展活动的需求；韩国现有9个大型展览场馆，总面积为174451平方米，每年举办的大型展览超过400个。

1. 韩国国际会展中心

韩国国际会展中心在2005年4月29日正式对外开放，作为整体3个阶段的第一阶段事业，建造了3层高的展览、国际会议设施。室内的展览面积为5.397万平方米，分为5个展厅，展览设施的地板每平方米负荷为5吨，最大的特征是可以举办国内展览中心很难收容的大型重量产品的展览及活动。韩国国际会展中心从单一建筑物来讲，是亚洲最大规模的建筑，具有与世界任何展览中心相比都毫不逊色的设施和基础设施。韩国国际会展中心为单层无柱空间，可以满足展会主办单位多种不同的需求（图7-15）。

2. 韩国首尔世界贸易展览中心

韩国首尔世界贸易展览中心（COEX）拥有最尖端的会议设施和展览设施。会议设施包括可同时容纳6500人的会议和展览兼用的会议室，此外，还有剧场式会议中心和各种会议室。展览设施包括太平洋馆、大西洋馆、印度洋馆等展览室（图7-16）。

3. 济州国际会议中心

济州国际会议中心于2003年3月22日正式开放。济州国际会议中心位于中文观光园地，放眼望去是一望无际的太平洋。济州国际会议中心有14个小会议室，以及耽罗厅、汉拿厅、三多厅，济州国际会议中心拥有分别可容纳4300名、660名、300名，以及2450人的大活动厅。济州国际会议中心最大的特点是：大活动厅和耽罗厅、汉拿厅、三多厅均可以根据情况分成更小的会议室（图7-17）。

图7-15　韩国国际会展中心

图7-16　首尔世界贸易展览中心

图7-17　济州国际会议中心

第八章
现代中国会展

第一节　现代中国会展的历史分期

一、改革开放以前的中国会展（1949—1977年）

（一）新中国成立初期的中国展会

1. 赴印度和巴基斯坦参展

新中国成立后不久，先后接到了印度国际工业博览会、巴基斯坦国际工业博览会的邀请，中央贸易部对外贸易司负责于1951年11月，由全国各机构抽调30人组成中国参展展团，赴印度和巴基斯坦参展。

中国展出规模5000平方米，展出45天后，中国展团由印度转往巴基斯坦，参加于1952年3月9日开幕的巴基斯坦国际工业博览会，经过35天的展出，于4月14日闭幕。

2. 中国贸促会的成立

1952年5月4日，中国国际贸易促进委员会（以下简称中国贸促会）正式成立。从此，中国以展会的方式与国际展开了经贸往来。经周恩来总理批准，赴印巴参展的展团人员留任，成为中国贸促会的首批工作人员，团长陈明任中国贸促会展览部第一任部长。

中国贸促会成立后不久，便邀请出席莫斯科国际经济会议的日本代表访问北京，时任中国贸促会主席的南汉宸与日方签订了中日民间贸易协议。随后的1953年10月、1955年3月、1958年3月，中国贸促会又相继与日本有关团体签订了第二次、第三次和第四次中日民间贸易协定。其中，第三次的贸易协定规定：中日双方在日本的东京、大阪和中国的北京、上海互办商品展览会。

3. 北京展览馆

1952年，苏联提出在中国展示苏联的建设成就，包括经济、文化、科学技术、建筑技术和建筑艺术等。为此，中央决定在北京、上海建设苏联展览馆，以学习、借鉴苏联社会主义建设的经验。苏联派了建筑专家来我国帮助设计和施工。1953年，由中央财政部投资2700万元（包括建西苑大旅社、西郊商场），工程耗资2400万元。

1953年10月15日，在建馆工地举行了隆重的开工典礼，中央人民政府和北京市人民政府有关方面的领导同志以及参加建馆的工人、干部出席了开工典礼。在建设过程中，周总理曾指示全国各省市支援展览馆的建设，当时我国20多个省市为建设展览馆，在人力、物力上提供了大力支援。工地上一万多名建筑工人和六千多名解放军战士日夜奋战，经过一年的努力，于1954年9月竣工。当时，整个展览馆占地面积约13.2万平方米，主要建筑物占地面积8.85万平方米，建筑面积5.04万平方米。主体建以中央大厅为中心，并附设影剧场、餐厅、电影馆，还铺设了专用铁路支线。中央大厅正面大门上部镶有毛泽东主席亲笔题写的“苏联展览馆”五个镏金大字。

1954年10月2日至12月26日，在新落成的苏联展览馆，举办了“苏联经济及文化建设成就展览会”。1955年4月和1956年10月，相继在此地举办了“捷克斯洛伐克十年社会主义建设成就展览会”和“日本商品展览会”。1958年，根据周恩来总理的意见，苏联展览馆更名为北京展览馆（图8-1）。

这一时期，北京展览馆属于行政事业单位。随着我国社会主义经济建设事业的发展，北京展览馆成为我国接待五大洲几十个国家、地区和我国举办各种展览、交流活动的场所，为促进国内外经济、文化、科技交流，发展我国经济贸易关系，增进我国人民同世界各国人民的友谊发挥了积极作用。

1956年10月6日至29日，日本商品展览会在坐落于北京西直门的苏联展览馆举办。此次展会规模为1.8万平方米，参展商807家。作为新中国成立后最早的来华展之一，日本商品展览会引起不小的轰动，毛泽东主席亲临展会现场参观。

图8-1　北京展览馆

图8-2　首届中国出口商品交易会

（二）糖酒会与广交会

在我国会展业发展的初期，有两大展会非常重要，那就是素有“天下第一会”之称的糖酒会和“天下第一展”之称的广交会。直到今天，这两大展会仍然在发挥着不可替代的作用。

1955年，由当时的城市服务部组织的全国供应大会在北京西苑大旅社（今西苑饭店）召开，这成为全国糖酒会的开端。在完全计划经济时期，全国糖酒会扮演了一个供应会的角色。1984年，糖酒会开始分别在春季和秋季举行。从这一年开始，烟从糖酒会的交易范围内分离出来，同时糖酒会的名称更改为“全国糖酒三类商品交流会”，正式确定了开放式办会的组织原则。从此，糖酒会打破了行业封闭和原有交流形式的束缚，适应了商品流通的特点。

1956年6月12日，时任广东省外贸局局长的严亦峻，以个人名义向外贸部发电报称，自举办一些出口物资交流会以来，许多港澳商人一再到内地参观，并达成了买卖交易。他建议，当年9月或10月，在广州举办一场全国性的出口商品展览交流会（后称“广交会”）。经批准，1956年11月10日，中国出口商品展览会如期召开，这是广东物资交流会的前身。此次展会历时两个多月，出口成交5380万美元，海外客商近3000人。在此基础上，1957年春由中国国营进出口企业联合举办了第一届中国出口商品交易会（图8-2）。

广交会共经历了两大发展时期：1957年至1978年，为新中国构筑“友谊的纽带，贸易的桥梁”；1979年至今，在改革开放中成为外贸出口的晴雨表。

党的十一届三中全会以来，广交会的规模、形式和内容都发生了很大变化。出口商品的展览一改过去按口岸分散设点、重点展出的方式，而按照统一性、系列性、代表性、艺术性的原则展出。交易方法更是灵活多样，开展了以进带出、易货贸易、代理贸易、补偿贸易、招标销售、来料加工等业务。此外，还开展了洽谈国际经济技术合作、中外合资经营、技术贸易、国际信托投资、远洋运输、国际金融等业务。广交会正逐步发展成为多领域、多功能、综合性的国际经济贸易盛会，成为我国最大的对外贸易交易中心，也是东南亚地区最大的国际经济贸易场所。

2006年10月15日，国务院总理温家宝在第100届中国出口商品交易会开幕式暨庆祝大会上宣布，广交会更名为中国进出口商品交易会。

（三）1966—1976年的展览

1966—1976年我国展览不多，但很具有时代特性。

1967年11月，亚非新闻工作者协会书记处举办的“亚非人民反帝漫画展”在北京中国美术馆开幕。展览会展出的180余件漫画作品分别来自日本、朝鲜、老挝、苏丹、坦桑尼亚等24个国家和地区。

1972年1月，越南民主共和国“抗美救国”画展在北京展出，此后到上海、广州、昆明、武汉等地展出。

1973年，德国、意大利、美国、澳大利亚、加拿大和日本等国举办的单国展，都在北京展览馆举行，基本上属于接待型展览。

1974年10月，由国务院文化组主办的“庆祝中华人民共和国成立二十五周年全国美术作品展览会”在北京中国美术馆展出，共展出中国画、油画、版画、水粉画、连环画、年画、宣传画、雕塑等作品430多件。

1975年9月，澳大利亚风景画展在北京民族文化宫展出，共展出作品85件（图8-3）。此后到南京展出。

1976年1月，四川、广东、浙江三省版画联展分别在成都、广州、杭州三市同时展出。2月，由上海市文化局、农业局、上海人民出版社主办的“上海农民画展览”在上海美术馆展出。

在出国展览中，1977年7月17日，中国在日本北海道札幌举行了展览会，有64万人参观。

二、中国会展业的转型时期（1978—1999年）

1978年，中国进入了改革开放的新时期。当年10月，由中国贸促会主办的

图8–3　澳大利亚风景画展排队现场

图8–4　北京全国农业展览馆

北京多国农业机械展览会（以下简称“多国农机展”）在北京全国农业展览馆（图8–4）举行，这是中国贸促会来展部接待的第一个国际性的专业博览会。

多国农机展有来自澳大利亚、加拿大、丹麦、法国、日本、荷兰、意大利、联邦德国、瑞典、英国等12个国家的展团参展，规模达3万平方米，展品725件，观众30多万人次，其中有8万多人次观看农业机械表演，1000多人次参加技术座谈会，但中国没有展品参加此次展会。

多国农机展是我国的第一个商业性展会，此前我国从未主办过国际性博览会。与此同时，多国农机展也为我国会展业市场化开了先河。

1979年，中国贸促会提出了建一个全新的展览中心的建议。经过两年多的筹备，北京中国国际展览中心于1982年破土动工，1985年竣工，并于当年10月投入使用。邓小平为展馆题写了馆名。该中心承接的第一个展会是第四届亚太国际贸易博览会。从此，彻底改变了中国没有商业展展馆的历史。随着北京中国国际展览中心的落成，中国会展业也逐步开始了商业化的管理，并有了自办展会。可以说，多国农机展是中国会展史上的一个里程碑。

1984年6月，中国展览馆协会在国家民政部登记注册成立。这是我国最早的全国性展览行业组织。

随着商业展会的出现，中国专业组展公司也应运而生。1984年7月，上海市国际展览有限公司（以下简称“上海国际展览公司”）成立。作为上海首家专业办展机构，该公司是隶属于中国贸促会上海市分会的全资子公司。

1984年10月，中国贸促会作为当时全国来展和出展的主管单位，在南京举办了第一次全国来展出展工作会议。此次会议上，中国贸促会对改革开放以来的来展工作做了总结和鼓励，对广州、上海、天津、北京等地接待外国来展的收费做法，第一次给予了肯定。

新中国成立后，从20世纪50年代至80年代中期，中国会展业主要为出国举办经济贸易成就展和接待社会主义国家来华举办的少量单独展览会。

为了规范和管理出境展和来华展，1982年8月26日，国务院批转中国贸促会、对外经济贸易部、外交部《关于出国举办经济贸易展览会若干问题的规定》和《关于接待外国来华经济贸易与技术展览会若干问题的规定》的通知，多年来的实践证明，出国举办经济贸易展览会和接待外国来华经济贸易与技术展览会，是促进我国对外经济贸易活动、引进外国先进技术与设备的重要渠道，也是配合开展外交工作的途径之一。

1986年，中国常州灵通展览用品有限公司成立。这是我国最早从事展览器材开发、研制和生产的专业公司。

1988年，对外贸易部发布了《对外经济贸易部关于举办来华经济技术展览会审批规定》（以下简称《规定》），该《规定》明确了来华展须报中国贸促会审批，并报对外经济贸易部备案。同时还强调了来华展品的展示范围及相关规定。

1989年6月，深圳国际展览中心建立，拉开了深圳展览业的帷幕。这一时期，一些展览公司及行业组织开始尝试组织专业展，如中国机床工具协会、中汽总公司、中国印刷协会、中国邮电器材总公司及中国贸促会汽车分会、中国贸促会纺织行业分会等，纷纷联合中国贸促会及中展集团组织了机床展、车展、纺织展、通讯展等。此外，北京市也培育了制冷展等。上海和广州的品牌展则更多地倾向于轻工和消费品类的展会，如上海的磨具展、家具设备展、家具展。广州除广交会外，也发展了家具展、美容美发展等。

国内最早较系统地研究展览的著作是1990年中国农业展览馆协会组织编写的《展览学概论》。该书对展览的若干基本问题进行了较详细的阐述，从而为之后的展览及会议研究奠定了一定的基础。此前，国内出现的有影响的著作还有中国革命博物馆组织编写的《解放区展览会资料》、中国展览馆协会编写的《展览研究文集》等。1993年，潘杰撰写了《中国展览史》一书，同年湖北武汉出版社出版了由中国展览馆协会编写的《展览知识手册》；1994年，陈汉典等编著了《中国展览学》；1999年，林宁的《展览知识与实务》在经济科学出版社正式出版。

20世纪90年代中期，国际展览巨头，开始频频关注中国会展市场的发展动向。1995年，我国首家中外合资公司京慕国际展览有限公司面世。它是由慕尼黑国际博览集团亚洲公司和中国国际展览中心集团公司共同组建的中国展览业内第一家合资公司，同时也是慕尼黑国际博览会公司在中国的总代理。京慕国际展览有限公司的面世标志着我国会展业国际化的开端。

1996年2月12日，大连市政府决定成立大连市展览工作领导小组。1999年，中国国际高新技术成果交易会（简称“高交会”）馆成立，将展览业带进了新的时代。政府的全力支持让高交会成长为城市名片，同时也发展了礼品展、住交会等品牌展览，深圳初步形成了会展经济和会展城市。

从1990年代末开始，全国明确提出将会展经济作为新的增长点的城市多达三四十个，各地城市纷纷把会展业作为发展重点。西南地区中，最富经济活力的成都和举办过世博会的昆明势头最旺。

1999年，中国政府独立举办了20世纪最后一个A1类专业世界博览会昆明园艺世博会（图8-5），有67个国家和地区以及26个国际组织参加展出。

这个时期是我国会展业发展的积累阶段，会展数量逐渐增多、新的会展法规颁布、展览器材企业成立、国际展览的逐渐增多、展览中心逐渐增多，为我国会展业的发展奠定了很好的基础。

三、中国会展业的快速发展时期（2000—2010年）

从2000年开始，中国会展业进入了快速发展期，由此也催生了展馆的建设热潮。全国各大城市掀起了场馆建设热。其中，规模最大的有广州、北京、上海，展馆面积都在10万平方米以上。此外，成都、大连、重庆、郑州、长春、南京、杭州、昆明、南宁、东莞等都建起了5～10万平方米不等的现代化展馆。伴随着展馆建设热，目前我国展馆总面积已排名世界首位，推进了各地展览业的发展。

2001年年底，外资公司大举进军中国市场。2001年11月，上海新国际博览中心（SNIEC）正式开业，该中心的外方投资方是德国的慕尼黑国际博览集团、汉诺威展览公司、杜塞尔多夫展览有限公司。三大巨头的投资表明，中国将是未来最具潜力的会展市场。

图8-5　昆明世界园艺博览会现场

图8-6　国际展览局主席吴建民

从会展业的专业化、国际化、品牌化来看，在北京、上海、大连、珠海等城市正在涌现出诸如国际机床展览会、国际汽车展览会、珠海航空博览会等一批在亚洲乃至世界上都有一定影响的知名品牌专业化国际博览会。与此同时，越来越多的国际会议选择在中国召开，也有力地推动了当地城市建设和会展水平的提高。国际商会年会、环太平洋论坛年会、亚太法官会议、国际引航员大会、APEC会议等700多个国际性会议在上海举行，为上海赢得了“国际会议中心”的美誉。

2004年1月，商务部发布了《设立外商投资会议展览公司暂行规定》，德国的科隆、法兰克福、莱比锡、斯图加特也相继进入中国市场。法国的欧西玛特、荷兰的荷雅企龙、亚洲博闻、英国的励展、美国的克劳斯，以及新加坡环球万通会展、新加坡国际展览集团和意大利的米兰国际展览中心、博洛尼亚集团,日本的康格株式会社、杰科姆会展服务公司等也都开始了在中国会展市场的运营。

这一时期的中国会展市场受到了前所未有的关注,尤其是2004年春季举办的第95届广交会的规模达到了历史之最，参展摊位总数达27500个，比上届增加了9100个。仅次于汉诺威通信及技术博览会和汉诺威工业博览会，广交会成为世界第三大展会。

2003年12月12日，第134次国际展览局全体大会一致通过，推选中国资深外交官、原中国驻法大使吴建民为国际展览局新一届主席。这是国际展览局成立75年来首位由来自发展中国家的人士担任这一职务，吴建民也成为在国际常设组织中担任主席的第一位中国人（图8-6）。

2004年11月26日，在泰国曼谷召开的国际展览业协会（UFI）第71届周年大会上，中展集团副总裁陈若薇当选为国际展览业协会亚太区主席，中国会展业在国际上已经具有了极大的影响力。

2005年1月，全球会展业界人士聚焦中国北京。由中国贸促会、全球展览业协会、国际展览管理协会、独立组展商协会主办的首届中国会展经济国际合作论坛（CEFCO）在北京中国大饭店举行。论坛公布了《中国会展经济发展报告》,时任国务院副总理的吴仪到会并发表了主旨演讲。这是国家领导人首次在重要的国际会议上，为中国会展业指明了“法制化、市场化、产业化、国际化”的发展方向。此后，CEFCO每年举办一届。《中国会展经济发展报告》更是每届CEFCO关注的焦点。

2006年11月8日，第73届国际展览业协会年会在北京嘉里中心饭店举行，这是国际展览业协会首次在中国内地城市举办的重大活动（图8-7）。除主题论坛之外，中国贸促会和国际展览业协会共同签署了知识产权保护的联合协议。

2007年9月6日至8日，在中国的海滨城市大连，汇聚了国际顶级商界领袖。世界经济论坛走出冬季年会的主办地瑞士达沃斯，在大连举办了“新领军者年会（达沃斯夏季年会）”。这也是久负盛名的达沃斯论坛首次在东方举行夏季年会。

2008年6月，全国会展业标准化技术委员会成立大会暨委员会第一次工作会议在北京召开。全国会展业标准化技术委员会主要负责会展术语、条件、环境、等级、评价、分级、管理领域的标准化工作。

2008年，中国成功举办了奥运会，显示了中国举办大型展会的实力与能力（图8-8）。

图8-7　国际展览业协会（UFI）第73届年会海报

据统计，2008年全国会展活动项目总量达20万个，经贸展览会的总量达到4490个，展览会展出总面积为4517万平方米，会展从业总人数为675万人，占全国就业人数的0.89%；会展业总收入为360亿元，会展业贡献占全国GDP的0.12%。节节攀升的数据说明：经历了30年磨砺的中国会展业已成为我国刺激经济增长的重要引擎，成为中国国民经济中增长最快、发展潜力较大的行业之一。

图8-8 北京奥运会开幕式

2010年，上海成功举办了世博会。中国会展业再一次引起全世界的关注。

第二节 中国主要的会展城市

改革开放30多年来，展览会在中国大地上以城市为中心遍地开花，主要分布在北京、上海、广州、宁波、大连、成都、深圳、厦门等沿海和经济发达地区，尤以北京、上海、广州三大会展城市最为活跃。

全国出现北、东、南3个展览经济产业带。北产业带以北京为中心，以天津、青岛、大连、沈阳、长春为重点。其展览会发展早，规模大，数量多，专业化、国际化程度高，门类齐全，知名品牌展览集中，辐射广，居龙头地位。东产业带以上海为中心，以南京、杭州、宁波、苏州、常州等城市为依托的新兴展览产业带正在形成。这一产业带政府支持力度最大、起点高、规划布局合理、贸易色彩浓厚，受区位优势、产业结构影响大，最具发展潜力。南产业带以广州地区为中心，以广交会为助推器，以深圳、珠海、厦门、汕头、东莞、顺德、南海等大中小展览城市群，形成了国际化和现代化程度高、展览会产业结构特色突出、展览地域及产业分布密集的展览经济带。

一、北京会展

北京作为中国的政治、经济和文化中心，其会展业起步较早，发展也比较迅速。尤其在中国加入WTO和北京申办2008年奥运会之后，北京的会展业更是得到了长足的发展。

（一）从业人员

统计显示，2007年北京会展业从业人员总数达到17万人。其中，大学本科以上学历人员有1.172万人，占从业人员的6.88%；具有高级技术职称的人员为1940人，占从业人员的1.14%。这说明北京会展业的从业人员具有一定的素质，但总体上还显得不够（表8-1）。

（二）会展企业

目前，在北京工商部门注册的会展企业已经超过2000家。在全国具备举办大型国际展会资格的250家会展企业中，北京超过130家，占一半以上。在北京，会展企业已初步形成了由场馆、搭建、运输、广告、旅游、法律、咨询等为会展提供配套综合服务的体系。

（三）经济效益

北京会展业的产业带动与关联作用明显。会展业不仅直接促进产品创新及市场开拓、信息与技术交流、装饰与广告业发展、对外贸易和旅游观光，而且拉动了交通、住宿、商业、餐饮娱乐、购物、金融、保险、电信等相关行业的发展，给城市的综合影响力和城市的“营销”带来了重要的发展机遇，同时也提供和催生了一大批就业机会。2004年北京会展直接收入是50.79亿元，2007年会展直接收入上升到81.81亿元，年均增长为17.22%（表8-2）。

由统计显示，北京会议业对北京会展业的贡献度越来越大。

（四）会展数量

统计数据显示，北京的会议数量众多，大型会议呈增加趋势。2002年北京举办会议71053个，其中国际会议5379个。2007年，北京举办会议达到21.3万个，其中国际会议有8045个，超过500人以上的大型国际会议达1355个。

2002年，北京12个主要展览场馆举办展览总面积达571.6万平方米，展览总数为574个，其中面积在1万平方米以上的展览有79个；接待观众810万人次。从会议与展览的数量及收入看，北京会展业国际化程度不断提高，组织国际

表8-1 北京会展业从业人员情况（2004—2007年）

项 目	单位	2004	2005	2006	2007
从业人员总数	万人	1.39	1.45	1.50	17.05
其中：本科学历以上	人	3413	3961	3935	11720
占总人数的比重	%	24.60	27.39	26.24	6.88
具有高级技术职称	人	1113	1232	795	1940
占总人数的比重	%	8.02	8.52	5.30	1.14

表8-2 北京会展业收入构成情况（2004—2007年）

单位：亿元

项 目	2004	2005	2006	2007	年均增长
会展业收入合计	50.79	61.9	66.52	81.81	17.22%
（%）	100	100	100	100	
会议收入	27.98	33.63	38.5	48.79	20.36%
比重（%）	55	54	58	60	
展览收入	17.41	20.85	28.01	33.02	23.78%
比重（%）	45	46	42	40	

性、高规格会展的能力逐步增强。

从2004—2007年的统计来看，北京的展览数量有所下降，但展出面积持续增加（表8-3）。

从北京展览内容细分市场来看，经贸科技类和文教卫生类等体现首都特色与优势的专业展览比重较大，占展览总数的一半以上；从会展市场结构来看，国内展和国内会议从数量上占主导地位，但从收入增长及国际发展趋势看，未来北京会展市场中的国际性展览和会议的发展潜力很大。

（五）品牌展会

北京拥有众多全国性科研机构和行业协会，在举办行业性专业技术展览会方面具有不可替代的优势。汽车、机床、通讯、纺机、印刷、冶金、制冷、工程机械、仪器仪表、计算机、医疗设备和服装服饰等展览品牌趋于成熟。北京的中国国际机床展、纺织机械展、通信展、服装服饰展、制冷展、工程机械展、冶金展、医疗仪器展和印刷展等展览已通过全球展览业协会（UFI）认证，国际品牌展会数量居全国首位。近年来，每年都有来自数十个国家和地区的数

表8-3　北京举办展览情况（2004—2007年）

项目	单位	2004年	2005年	2006年	2007年
展览总数	个	2102	2367	1401	1366
国际展览	个	294	322	409	355
1万-5万平方米的中型展览	个	148	156	214	162
5万平方米以上的大型展览	个	2	3	8	6
展览面积	万平方米	441.3	444.5	637.1	694.3
国际展览面积	万平方米	84.7	87.8	132.8	72.2

千家国外公司来北京参展。

（六）会展设施

图8-9　北京国际展览中心新馆

北京具一定规模的会展场馆有15座，展览面积约23.7万平方米，其中室内展厅面积18.4万平方米，会议室面积1.6万平方米，会展设施总量居全国第四位。已经形成一定规模效应和市场聚集效应的会展场馆包括中国国际展览中心（展览面积约6万平方米）、国际贸易中心、全国农业展览馆、北京展览馆、北京国际会议中心（会议室面积5000平方米，最多可容纳2500人）。此外，北京共有星级饭店618家，客房数达到11万间，其中部分饭店的会议场所达到了国际标准。

北京各展馆举办的展会类型将呈现分级局面。国际展览中心新馆（图8-9）将是注重品牌展示的大型展览会的首选；亦庄北京经济技术开发区展馆将成为工程展、消防展等注重室外展览的专业展览会的选择；国际展览中心老馆将以举办规模在4万～5万平方米的展会为主；1万～2万平方米的展会将主要在北京展览馆、全国农业展览馆等场馆举办；1万平方米以下的展会将分散在中国国际贸易中心展馆等。

二、上海会展

改革开放之前，上海举办的主要是一些友好国家成就展和国内的工业展。

20世纪90年代以来，上海会展业发展迅猛。目前，上海国际性展会数量已经接近德国，上海正在成为中国会展中心城市之一。

（一）概况

20世纪90年代，上海会展业得到了长足发展，会展数量和质量迅速提高，一批逐渐成熟的品牌展会崭露头角。上海坚持优先发展第三产业的方针，为会展业的发展创造了良好的条件。1999年，上海的会展数量达到150个，是1990年的近4倍；上海国际展览中心和上海世贸商城先后建成，上海光大会展中心和上海国际会议中心也相继投入使用，上海会展业可供展的面积达到近10万平方米。模具展、汽车展、华交会等一批具有国际影响力的品牌展会逐渐成熟。

2000年后，上海展览业进入提升阶段。其主要特点是会展项目呈现专业化、市场化、国际化和品牌化的发展趋势。随着上海对外开放的不断扩大、基础设施的加快建设和市场体系的逐步完善，上海会展业发展迅速，成为上海经济发展新的增长点。

2008年的统计数据显示，在上海举办的展览项目共544个，比2007年的515个增长了5.6%，总展出面积707万平方米，比2007年的571.9万平方米增长了23.6%。其中国际展览项目294个，比上年的309个减少了4.9%。总展出面积596.69万平方米，比上年的474.6万平方米增长了25.7%。国内展览会250个，比上年的206个增长了21.4%。总展出面积110万平方米，比上年的97.3万平方米增长了13%。

在上海举办的国际会议与论坛，其专业化、国际化程度均比较高。如首届陆家嘴论坛、第五届国际金融论坛、中国上海国际节能减排论坛、纳米电子学国际会议、2008年国际药物代谢学会亚太地区大会、第六届物流技术与装备国际学术会议、上海国际检验医学学术会议、第二届上海国际骨科学术会议等专业国际会议都在国际上造成一定影响力。

经过多年的发展，上海的节事文化活动的国际化程度越来越高，规模和影响越来越大，运作机制逐步完善，活动内涵不断丰富。如上海国际电影节、上海国际服装文化节、上海国际艺术节、上海旅游节等。上海先后承办了多场大型体育活动，吸引了大量海外观众的参与和媒体的广泛关注。

（二）上海的会展场馆

上海在场馆建设上呈大型化、智能化发展趋势。目前，上海现有可供进行各种展览、展示、展销活动的场馆、场所有12个，可供展示的总面积近20万平方米，其中可供举办较大型国际展览会的场馆有8个，总面积达到18.26万平方米。全市会场面积在200平方米以上的会议场馆共有138个，总面积近13万平方米。其中拥有3个以上超过200平方米会场的场馆有17个，面积为3.8万平方米。

图8-10　上海新国际博览中心

2008年，上海新国际博览中心新建了E5、E6两个新馆，较原先扩大室内展出面积2.3万平方米（图8-10）。上海10个主要场馆的室内总展出面积上升为26.81万平方米，比上年的24.51万平方米增长了9.4%。

（三）上海会展的品牌化发展

上海会展经营主体结构呈现多元化发展，涌现出一大批中外合资展览公司、外商独资展览公司以及民营展览企业。上海市会展行业协会的会员单位已超过500家，上海在工商局登记的经营范围内包含“会展”“展览”“展示”或“展销”的公司数量则更多。

目前，上海有中国国际模具和设备展览会、国际林业展、国际包装展、国际食品展、国际家具展、国际酒店展和上海国际汽车展等展会，它们均通过了UFI认证。

国外会展企业充分利用世界性业务网络，将一些国际名牌会展项目移植到上海，德国法兰克福、慕尼黑、汉诺威、杜塞尔多夫等国外知名展览公司在上海先后举办展览会，其中有50多个是具有相当知名度的国际展事。2003年10月，汉诺威五大品牌展同时亮相上海，成为当时一大热点。2001—2003年，仅北京的全国性协会或展览企业在沪办展就达162个。近年，国外机构或团体自行来沪举行会议分别占本市国际会议总数的12%、19.8%和25.2%，上升趋势明显。

上海的会展业虽然起步晚，但是发展快、成效大，在推动经济方面起着越来越重要的作用，有效促进了先进技术交流，增加了社会就业和国家财政收入，并促进了国际交流，加强了经贸合作与相关产业的发展。随着城市综合服务功能的不断增强，上海举办国际性会展的配套服务设施日益齐全、组织能力不断提高，上海已成为全国最大的会展中心城市之一。

三、广州会展

广州是国内仅次于北京和上海的第三大会展城市，综合经济实力位列全国十大城市前列。继国家商务部等单位联合主办的2003年中国会展经济论坛，广州市与上海市、北京市被评为中国展览城市办展环境优秀的城市；在2004年中国会展产业年度评选中，广州市又与北京市、上海市并列2004年度国内三大最具影响力会展城市。

（一）区位优势与产业支撑

广州位于最具经济活力的珠三角腹地，是中国南方区域人流、物流、资金流、信息流的最大集散地，且毗邻港澳，连接东南亚，素有祖国“南大门”之称，是我国历史最悠久的对外通商口岸，辐射力远至广东省、华南地区、泛珠三角地区和东南亚各国。

从产业支撑条件看，包括广州等城市在内的珠江三角洲地区，是我国重要的经济中心区域，也是全国市场化程度最高、市场体系最完备的地区，还是我国外向度最高的经济区域和对外开放的重要窗口。2008年，珠三角地区实现地区生产总值29745.58亿元。目前，珠三角已经形成了一个多层次协调发展的产业布局，交通运输设备、电气机械及器材、通信设备、计算机及其他电子设备、仪器仪表及文化、办公用机械制造等产业优势明显，奠定了建立世界制造业基地的雄厚基础。

（二）“中国第一展”的品牌

广交会被誉为“中国第一展”。2010年的广交会展览规模已达到113万平方米，拥有5.7万个展位，展出的商品达15万种，参展企业增加到2.3万家。在单展规模上，广交会名列世界第一。共有来自世界212个国家和地区的190万名客商到会采购，出口成交额累计达3300多亿美元。广交会在国内外享有很高的声誉，对广州会展业的发展产生了重要作用。

广州近3年来新增展场面积27万平方米，现有专业展览场馆11个，共计展览面积49万平方米。广州的会展场馆已形成了以流花地区中国出口商品交易展览中心和琶洲国际会议展览中心（图8-11）两大会展群体的会展格局。还有可以办展会的主要体育场馆及各大酒店、宾馆的会议中心等场地约65万平方米，其中主要宾馆（四五星级）可提供展览面积约1.3万平方米；大中型体育馆210个，可提供展览面积63.7万平方米。其硬件设施已经领先国内。

图8–11　广州琶洲展馆

（三）展会与展览公司众多

2008年，广州全市主要展览项目展览面积为404.79万平方米。广博会、美博会、留交会、建材展、灯饰展等一批展会较为成功。

广州博览会是广州市政府着力培育的主打品牌和城市名片。全面提高其知名度和综合竞争力，是广州博览会改革的方向。广州博览会自1993年创办，至今已成功举办了十多届，经贸合作取得了显著成效。第十二届广州博览会，达成了贸易及合作总额共1537.9亿元。其中贸易零售额212万元，贸易合同、协议和意向16.76亿元；签订各类经济技术合作项目1006项，投资金额1521.16亿元。其规模和效益都为历届之最。

据不完全统计，广州每年会展业直接收入约13亿元。广州市以主承办单位和场馆单位为主，以展位设计搭建公司、运输公司等为辅的会展业经营主体已初具规模。据有关资料显示：市属企业中具有展览经营范围的企业有2384家，其中专业展览公司510家。

从会展业市场主体看，广州已涌现了中国对外贸易中心、广州光亚法兰克福展览有限公司、广州白云国际会议中心有限公司等一批具有国际影响力、办展办会经验丰富的会展企业，集聚了一批优质的办展办会资源，吸引了一批优秀的会展策划人才落户。截至2008年年底，全市会展活动经营收入500万元以上的会展企业达40家。

四、宁波、大连、南京等城市的会展

（一）宁波会展

近年来，宁波把大力推动会展经济作为发展现代服务业的重要内容之一，提出要打造中国展览“第四城”的奋斗目标。服交会、浙洽会、消博会、家博会、住博会、食博会、旅洽会、机械展、电博会等一批展会，依托宁波服装、模具、文具、机械等良好产业基础，在国内众多展会中脱颖而出，名声也越来越响。

2005年，宁波举办各类会展活动达到85项，标准摊位2000个以上的展会由6个上升到8个，直接拉动了餐饮、宾馆、交通、旅游、零售等方面至少60亿元的消费。2006年，宁波引进和创办中国家居用品博览会、中国·宁波国际塑胶工业展览会、全国制药机械博览会、中国·宁波国际港口展览会等大型活动。

2007年在宁波举办的展会有103个，展览面积总数突破100万平方米；2009年宁波共举办各类会展活动367个，比2008年增长33%。其中，举办展览会178个，同比增长30.88%；展览总面积达180万平方米，同比增长29%。举办会议（论坛）105个，同比增长36%；举办节庆活动84个，同比增长33%。2009年，宁波还先后荣获“中国最佳会展城市”“新中国成立60周年中国节庆会展名城”等奖项。

2010年上海世博会城市最佳实践区“宁波滕头案例”展取得圆满成功（图8-12）。

宁波国际服装节是宁波市综合性大型文化经贸活动。依托宁波这一中国最大的服装产业集聚基地，通过举办系列的服装文化、服装经贸和艺术交流等活动，扩大了宁波对外界的影响力，丰富了市民的文化生活，促进了宁波国际经济合作与文化交流。至2010年，宁波国际服装节已经连续成功举办了14届，并被评为“中国最具国际影响力十大节庆”之一。在全国各类服装节中，宁波国际服装节是唯一获得这一殊荣的活动。

（二）大连会展

大连是我国最早提出“会展经济”的城市，目前会展业发展已上升到“营销城市”的高度。1996年，大连市委市政府正式确立了展览业在发展外向型经济中的地位。同年7月，投资了数亿元的大连星海会展中心（图8-13）正式投入使用，为会展业的发展提供了发展空间。

大连星海会展中心处于大连城市西部商业中心区，占地8.6万平方米，建筑面积达10万平方米，是一座集展览、会议、贸易、信息、餐饮、娱乐等多项功能于一体的豪华会堂式的现代化展览场馆。星海会展中心展区面积2.5万平方米，展场设施及技术配置先进，服务项目齐全，具当今国内一流水准。2009年

图8-12　宁波滕头案例馆

图8-13　大连星海会展中心

在大连星海会展中心举办的展会达到59个。

会展业在推动大连市吸引外资、扩大贸易、发展高新产业、加快城市建设、促进国际合作与交流、打造城市品牌、提高国际知名度等各个方面发挥着越来越重要的作用，为大连市各行各业带来了丰厚的经济效益。在第69届世界展览联盟大会上，亚、澳、中东地区主席麦高德先生多次称大连不仅是中国的展览名城，更是亚洲的展览名城；大连在亚洲展览名城中位居第十一位。

大连市已拥有了近10万平方米的现代化展览场馆，大大改善了会展业的基础设施。加之国家振兴东北老工业基地战略的实施和将大连市建成东北亚航运中心的定位，大连市正面临着前所未有的经济发展契机。

夏季达沃斯论坛是世界经济论坛在达沃斯以外举行的全球性会议。第一届、第三届论坛年会于2007年、2009年在大连举行，获得了极大的成功。

（三）南京会展

2005年以来，南京市的展会数量、展览面积、全年拉动经济增长等主要指标增幅连续多年都在30%以上。在南京展会中，自主品牌异军突起，大型展会迅速增加。第76届世界榨油商大会、第四届世界猪肉大会、国际互联网大会、南京市长国际企业家论坛等展会规格高、影响大。其中从德国引进的户外用品展，2006年参展的国际国内品牌有245个，成为亚洲第一、世界第三的户外专业展。南京市在会展业圈内的影响力不断扩大，先后获得“中国十大最佳会展城市”、“中国会展之星”等称号。

南京市委市政府将发展会展经济提到空前高度，提出作为战略产业来抓，把南京打造成国际会展之都。

图8-14 南京国际博览中心

图8-15 第四届世界城市论坛在南京召开

2008年，南京市举办各类会议、展览、节庆共计8300多个，比2007年增长35%，其中各类展览（含节庆）活动410多个，比2007年增长了30%。500个摊位以上的大中型展会24个，比2007年增长了17%。全年展会总面积120多万平方米，比2007年增长了40%。全年拉动经济增长预计超过了190亿元。中国（南京）国际软件产品博览会、中国（南京）金秋经贸洽谈会、亚洲户外用品展览会、中国（江苏）国际服装节、中国（南京）国际梅花节分别获得中国优秀会展（节庆）奖和行业品牌展会等荣誉。

2008年，总投资30亿元的南京国际博览中心竣工并投入使用，室内、室外展览面积分别达到11万和5万平方米，拥有6000个标准摊位、24个大小会议室，在全国170个专业展馆中跃居第五位（图8-14）。

南京国际博览中心已成功地保障了全国互联网大会、中国（南京）国际软件产品博览会、第三届中国南京世界历史文化名城博览会、第四届世界城市论坛（图8-15）等一批高规格展会。其中，第四届世界城市论坛（WUF4），即由联合国人居署主办的世界城市论坛，两年一届，是联合国有关世界城市发展、全球人居问题的国际最高端论坛，是与世界经济论坛、世界社会论坛齐名的联合国影响力最广泛的三大盛会之一。论坛议题涉及能源、环境、住房、卫生、教育等各个方面。全球175个国家和地区约7800名代表参会，其中外宾3000多人。论坛的举办获得了很大的影响。

第三节 中国会展的典型案例

一、中国投资贸易洽谈会

从20世纪80年代开始，原来以计划经济主导的出国展览和来华展览统归中国国际贸易促进委员会主办的局面，逐步改变为由市场经济为导向的众多机构举办的崭新局面。中国投资贸易洽谈会也正是在这样的背景下发展起来的。

中国投资贸易洽谈会（以下简称“投洽会”）其主要内容包括以项目对接会为载体的投资洽谈、投资和贸易展览、投资论坛及系列投资热点问题研讨会和投洽会。一般来说，投洽会不仅是展示和介绍投资环境、投资政策、招商项目、企业产品，同时也吸引各地的投资促进机构前来参展并举办投资说明会、推介会。参加投洽会的境内外客商可以花最少的时间和精力全面考察与会各地的投资环境，从最直接的渠道获取最新的投资政策和投资信息，在最广泛的范围内选择最合适的投资项目和投资合作伙伴。

投洽会的历史，实际上是中国对外开放30多年历史进程的浓缩和折射。从时间上来说，福建省的投资贸易洽谈会，可以说是国内较早的投洽会。1987年9月8日由福建省的厦门、泉州、漳州、龙岩4个地市联合主办的闽南三角区外商投资贸易会在厦门开幕，这也就是今天中国国际投资贸易洽谈会的最早发端。20多年来，随着我国对外开放的力度不断加大，由沿海到内陆，各地投洽会的数量与规模不断增加。

有资料显示，截至2008年，我国每年省级以上层次的投洽会数量超过20个，地区级层次的投洽会其总数要超过100个，如果算上各类展会、节事活动上的投资贸易洽谈活动专场，如中国乌鲁木齐对外经济贸易洽谈会、中国哈尔滨国际经济贸易洽谈会、中国国际龙虾节招商引资洽谈会等，其数量还要多。

在规模上，各地投洽会的发展也不均衡，既有如中国中部投资贸易博览会、呼和浩特投资贸易洽谈会、广西南宁投资贸易洽谈会这样大型的区域性投资贸易洽谈会，也有如中国（上海）投资贸易洽谈会、苏北地区投资贸易洽谈会、中国德州投资贸易洽谈会、太湖明珠——长兴国际投资贸易洽谈会、中国·吴江投资贸易洽谈会、中国花鼓灯歌舞节暨蚌埠投资贸易洽谈会、贵州黄果树瀑布节投资贸易洽谈会、图们江地区国际投资贸易洽谈会、中国凉都·六盘水投资贸易洽谈会、中国菏泽投资贸易洽谈会、长治投资贸易洽谈会、中国枣庄（薛城）投资贸易洽谈会、山东滕州（东莞）投资贸易洽谈会等一般区域性的投资贸易洽谈会。像中国国际投资贸易洽谈会、中国东西部合作与投资贸易洽谈会、浙江投资贸易洽谈会、东北亚投资贸易博览会、中国天津投资贸易洽谈会、中国（深圳）国际投资贸易洽谈会、中国兰州投资贸易洽谈会等已逐渐成长为颇具影响力的国际投资贸易洽谈促进盛会。

（一）中国国际投资贸易洽谈会

中国国际投资贸易洽谈会是经中华人民共和国国务院批准，由商务部主办，以促进双向投资为目的的国际投资促进活动，也是通过国际展览业协会（UFI）认证的全球规模较大的投资性展览会，于每年9月8日至11日在中国厦门举办。

中国国际投资贸易洽谈会的前身是福建省投资贸易洽谈会，1997年，国家外经贸部将之升格为中国投资贸易洽谈会。1998年中国内地31个省、自治区、直辖市政府，部分计划单列市政府、国家有关部门和部分全国性商协会作为成员单位都组团参加了中国国际投资贸易洽谈会。

2000年，投洽会首次将投资和贸易分离开来，并首次举办了“国际投资论坛”，积极邀请国际名流与外国政要莅会，投洽会的国际化步伐进一步加快。2002年，世界投资促进机构协会（WAIPA）作为投洽会的首家协办单位，参与投洽会的组织与推介工作。接着，联合国贸发会议（UNCTAD）、联合国工发组织（UNIDO）、世界银行国际金融公司（IFC）、经济合作与发展组织（OECD）等也相继参与协办投洽会的组织工作。2006年，刚成立不久的中国国际投资促进会（CCIIP）也正式加盟成为投洽会首家国内协办单位。

2005年1月12日，经国务院批准，从第九届投洽会开始，“中国投资贸易洽谈会”正式更名为“中国国际投资贸易洽谈会”。

在发展过程中，中国国际投资贸易洽谈会的组委会机构逐渐规范化，其成员单位不断增加，参与积极性不断提高。按照“自愿参与、平等互利、东西互补、部省联手、共同发展”的原则，2006年以来，全国工商联、中国对外友好协会、中国扶贫开发协会、国家质量监督检验检疫总局、中国交通运输协会及香港特别行政区、澳门特别行政区等相继成为投洽会的成员单位，所有的成员单位共同参与投洽会的组织工作，并组团参会、参展。

据统计，2008年，中国国际投资贸易洽谈会共有126个国家和地区的13685名境外人士参会，104个国家和地区的445个境外机构组团参会，74个国家（地区）的企业和机构参展，境外参展面积达1.6万平方米。各代表团共签约投资项目784个，投资金额159.03亿美元，利用外资135.55亿美元。其中，合同项目517个，投资金额90.92亿美元，利用外资80.99亿美元，千万美元以上的合同项目228个。

（二）中国东西部合作与投资贸易洽谈会

中国东西部合作与投资贸易洽谈会（简称西洽会）最早开始于1997年，由国务院特区办，江苏省、上海市、天津市、陕西省主办，参会单位有江苏、上海、天津、陕西等12个省区市和山西、内蒙古的3个地市以及中国开发区协会、北京、青岛等6个开发区组成的21个代表团，还有广东、浙江、辽宁三省组成经贸考察团参会。

1998年、1999年分别举办了第二、三届西洽会，展会以商品贸易为主，展位有1000个左右，参展参会客商最高达两万人，境外客商达500多名，这是西洽会的初创阶段。1999年6月，党中央发出了实施西部大开发战略的号召，极大地激发了东中部省份和国家各有关部委参与西部大开发的积极性，各省区市纷纷加入了西洽会主办单位的行列，从2000年第四届西洽会开始，逐步形成了西洽会一届比一届规模大，一届比一届效果好的发展趋势。到2006年的第十届西洽会，主办省区市政府增加到26个，展位增加到2000个，参展参会客商接近10万人。这一时期，展会的重点实现了由商品贸易为主向项目投资洽谈为主的转变，同时又创办了一个西洽会的会中会——中国西部国际经济合作洽谈会，每年有2000多名境外客商参展参会。这是西洽会的发展成长阶段。2006年开始，通过深入贯彻落实科学发展观，西洽会步入了一个创新提高的新阶段。2007年的第十一届西洽会，展位规模达到2600个，有30个省区市组团参展参会，客商超过10万人，境外客商首次突破4000人，展期观众流量40多万人次，特别是省际资本合作取得突破性进展，会上签订国内横向联合项目合同总投资额1718.60亿元，项目协议总投资额659.22亿元，被媒体誉为中国区域经济互动第一平台。

截至2008年，西洽会已成功举办了12届，主办单位也升至35个：有6个国家部委，28个省区市政府和新疆生产建设兵团，其中新增了国家环保总局和江西省政府；支持单位为商务部等3个部委；协办单位为12个全国性和境外商协会；承办单位为陕西省人民政府和中国国际贸易促进委员会。第十二届西洽会执行主席单位是青海省人民政府。

（三）中国天津投资贸易洽谈会

中国天津投资贸易洽谈会（简称津洽会）的前身是中国（天津）春季商品交易会（简称天交会）。2005年开始，根据天津发展的新形势和城市定位，天交会改版为中国天津投资贸易洽谈会。改版后，除原有的商品交易外，增加了投资洽谈和人才智力交流两个板块。改版升级以来，每届均有海外20多个国家和地区的100多个团组，国内40多个省、地市组团参展参会，参展客商达20多万人次。津洽会的影响越来越大，已经成为国内外有重要影响的知名展会。

2008年，第十五届津洽会全国参展参会各省市共推出招商引资项目1235个，现场签约的重点项目有330个，外资项目协议外资额46.8亿美元，内资项目协议投资额303亿元人民币。1100名高级人才与天津市用人单位达成聘用意向（部分已签署聘用合同），引进106名博士后到天津市博士后科研工作站工作，122名博士达成进站意向，30名外国文教专家与天津市签署聘用意向。国内有21个省市自治区的79个城市（计划单列市15个）105个团组，国外境外26个国家和地区81个团组，共计186个团组参展参会。展会期间组织举办了47个项目对接会、投资洽谈会、商品推介会、政策说明会等专业会议，参会人员达到1.5万人次。据统计，五天来到会客商达12余万人次，其中专业观众比例大，达到2.6万余人，比往年增加30%。韩国首尔产业通商振兴院（SBA）组织了50多家企业参展，产品涉及生活用品、儿童用品、IT产品、生物技术、新材料、精密仪器等方面。

（四）浙江投资贸易洽谈会

浙江投资贸易洽谈会（简称浙洽会）由浙江省人民政府主办，于每年6月8日至12日在浙江宁波举行，是浙江省的综合性对外经济贸易交流洽谈活动。浙洽会自1999年开始举办，前九届共签约外商投资项目2798余个，协议利用外资约247亿美元。中国国际日用消费品博览会（简称消博会）自2002年开始与浙洽会同期举办。历届浙洽会、消博会还引进了一批国内外人才和科技成果。近几年来，每届浙洽会、消博会参会境外客商超过万名。

2008年，第十届浙江投资贸易洽谈会精心安排了浙江开放型经济成就展暨浙洽会10周年回顾展、双向投资对接洽谈、（进）出口商品展览交易（第七届中国国际日用消费品博览会）、开放与发展国际论坛和人才科技合作交流五大板块的内容。浙江开放型经济成就展暨浙洽会10周年回顾展安排各城市开放型经济成就展兼顾投资洽谈功能；双向投资对接洽谈则安排了产业对接洽谈专场、国家（地区）投资环境推介会、项目签约仪式等活动。

据统计，2008年，共有7万多名中外来宾参加浙洽会，其中，来自100多个国家和地区的境外客商有1.36万人。本届浙洽会签约项目201个，协议利用外资35.8亿美元，比上届增长9.1％。投资领域主要集中在电子及通信设备制造业、交通运输设备制造业、金属制造业、电气机械及器材制造业、零售业、公共设施服务业、旅游服务业等。投资来源地主要包括美、法、德、韩、日等30多个国家以及我国香港、台湾地区。国际馆共有来自16个国家和地区的36个机构和15个中国境外经贸合作区参展。

（五）中国吉林·东北亚投资贸易博览会

中国吉林·东北亚投资贸易博览会是经国务院批准，由商务部、国务院振兴东北办和吉林省人民政府共同主办的国家级大型国际性区域综合投资贸易博览会，是中国政府为推动中国与东北亚国家经贸往来和区域合作而采取的一项积极行动，旨在构建中国与东北亚国家互利共赢、交流合作、竞争开放的长期合作平台。

该展会集商品展洽、投资洽谈、专业会议、文体活动为一体，除了展示中国东北地区及国内相关省市、东北亚五国及相关国家经济发展优势和名、优、特、新产品之外，还组织参会者推介投资项目、发布合作信息、进行专题项目洽谈、扩大区域投资合作。博览会期间举办东北亚经济合作论坛、东北亚五国商务周（日）以及投资合作、经贸洽谈等方面的专业国际会议，为参会的各界人士提供了更高层次的交流合作平台。

首届东北亚投资贸易博览会于2005年9月2日至6日在长春国际会展中心召开，共接待投资客商18071人次，组织投资洽谈企业3828户，与外方洽谈2377人次，洽谈项目1358个。共签订投资类项目276个，吸引外来投资753.94亿元，其中签订合同项目132个，总投资367.9亿元，吸引外来投资326亿元。

二、义乌小商品博览会

义乌地处浙江中部，面积1105平方公里，人口160多万，其中本地户籍人口68万，外来建设者100万，分别来自全国30多个省、自治区、直辖市，有43个民族成分。另外，还有来自100多个国家和地区的8000多名外商常驻义乌。从历史上的路边集市到全国性小商品集散中心，再到全球最大的小商品市场，中国义乌国际小商品博览会（简称“义博会”）功不可没。

（一）概述

众所周知，中国人口众多，手工业和加工业发达。这就使得小商品制造业、加工业繁荣发达。从近几年的国内外小商品展会的发展数量上来看，中国小商品展会的发展速度远大于国外（表8-4）。

义博会是唯一经国务院批准的日用消费品类国际性展览会。其前身是中国义乌小商品博览会，创办于1995年，从2002年开始升格为由国家商务部参与主办的国际性展会。到目前止，已成功举办13届。展会以“面向世界、服务全国”为办展宗旨，对扩大商品出口，提升小商品制造业，促进区域经济发展发挥了积极的推动作用，已成为目前国内最具规模、最有影响、最富成效的日用消费品展会，是国内由商务部举办的继广交会、华交会后的第三大贸易类展会，先后被评为2003年中国十大新星展会、2004年度政府主导型中国最佳展会、2005年度中国管理水平最佳展览会、2006年度中国十大最具影响力品牌展会。

从1995年开始，义乌市每年都举办小商品博览会，而且规模一年比一年大，档次一届比一届高。据统计，近年来，义博会已将小商品销往160多个国家和地区，2001年出口创汇20846万美元，比2000年增长96.4%，2002的前一季

表8-4　国内外小商品展会的发展（2004—2008年）

年份（年）	国内（个）	国外（个）
2004	10	
2005	30	49
2006	46	64
2007	76	87
2008	85	93

度销售额比去年同期增长87.6%。第7届义博会期间就有26个国家和地区的1100多家企业参展，近5000名外商到会，5天展期成交额就达到43.68亿元；该届义博会共接待了105个国家5668名境内客商，近30个境外商务采财团参会，22个国家的使馆官员和重要外宾与会，其中11个国家和地区的26个投资项目在义博会招商引资洽谈会上签订协议，协议总投资16986万美元，其中合同利用外资6541.5万美元。

（二）2007年中国义乌国际小商品博览会

2007年10月26日下午，2007中国义乌国际小商品博览会圆满落下帷幕，5天展期实现展览交易总额108.9亿元人民币，比上届增长15.3%，首次超过100亿元。据统计，义博会的参展企业、标准展位数由2002年的1026家、1500个发展到2007年的2565家、4500个。

中国会展研究中心的调查表明，超过92%的参会客商钟情于义博会的专业性和实效性。义博会境外贸易机会指数已上升到4.756，达广交会的2/3。目前，义博会的招展网络正在向境内外延伸。2007年义博会先后在合肥、南昌、深圳、上海、香港、新加坡、法兰克福、莫斯科、米兰、罗马等城市举行了大型推介宣传活动。义乌同时还是全国首个获得出国展览权的县级市，义博会·法兰克福展、义博会·科隆展、义博会·香港展等一系列展会“走出去”计划也在酝酿之中。

2007年义博会共有3518家企业报名参展，共预定展位5803个，分别比2006年同期增长15.3%与9%。2007年义博会安排参展企业总计2560家，展位4500个，分别比2006年增长了16%与12.5%（图8-16）。

2007年义博会展期共5天，展览交易成交额共108.9亿元，比上届增长15.3%，其中外贸成交额为9.8亿美元，占总成交额的67.5%。展馆专业客商报到共110156人，其中外商人数17011人，比上届增长5.9%，分别来自172个国家和地区，其中来自发达国家的客商占60%以上，共接待境外贸易团队85个。

（三）义博会的成功经验

1. 政府重视，扶持培育展会

义乌市出台了促进会展业发展的政策，在加强协调管理、优化资源配套、培育特色展会、注重服务引导等几方面出台了20条新规定，以此营造良好会展环境、规范和培育会展市场，促进会展业健康、快速发展。

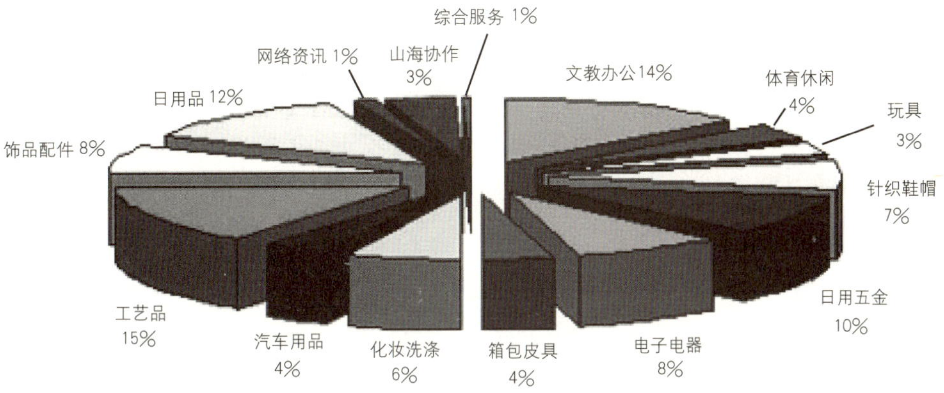

图8-16　义博会小商品的比例分布

义乌会展业发展的目标定位是：把义乌培育发展为国际性的小商品会展城市。义乌要成为永不落幕的会展城市，以展兴市、以展拓市。义乌准备花大力气把义博会打造成国际会展品牌，以义博会为龙头，带动义乌会展业的强盛与发展。

2. 依托产业，支撑推动展会

义乌有较强的小商品生产支撑力，工艺品、礼品、服装、针织、饰品、拉链、玩具、印刷、五金等特色行业发展迅速。产业基础成为义博会的强大产业支撑，与其他很多展会常常是贸易商参展不同，在义乌参展的企业有近90%为小商品生产厂家。因此，义博会的采购主要是源头采购，成本低，被境内外客商所看好。

在《义乌统计年鉴》中能够发现，义乌产业结构的变动发展最快的是第三产业：1981年，第三产业在义乌只占19.6%，2005年上升到50.9%。在强大的产业支撑背景下，义乌会展业发展迅猛。

3. 独特的市场优势

义乌市场是全国最大的小商品市场、全国重要的小商品出口基地和外商采购基地，拥有经营商位近6万个，经营人员20多万人，汇集了41个行业1900个大类40余万种商品。有8000多名外商常驻义乌采购商品，商品出口到212个国家和地区，年出口超过40万个标准箱，市场外向度达70%以上。

从展会组织者的角度来说，篁园市场、针织市场、宾王市场、国际商贸城及各个专业街，都成为义博会的分市场。义乌市场数万经营主体及客户链都是展会的“专业观众”。统计表明，展会期间相关行业的市场经营户“不请自来”，来了解行业发展趋势，采购流行产品，结交更多的客户。市场是义乌经济的最大特色和优势，市场是义博会迅速崛起之源。

4. 完善的配套服务体系

商城展览作为义博会的展务执行机构，其客商服务部承接义博会的各项客商服务工作，以“一站式”服务为宗旨，具体分为八大服务模块，包括展会咨询服务、展期房务预订、客商票务预订、车辆调度职能、医务支援、翻译服务、商旅服务及现场协调，以工作模块划分工作职责、责任到人，大大改善了义博会的服务效率，基本上达到了“有求必应”的服务要求。

5. 强化品牌意识，走国际化、专业化之路

通过10多年的培育，义博会在专业化程度、国际化水平、信息功能、对外贸易等方面已十分突出，成为我国经贸类展会中档次较高、规模较大、外商较多、成效明显的国家级展会。品牌效应日渐显现，成为国内众多日用消费品生产企业开拓国内、国际两个市场重要的窗口和平台。义博会是除广交会、华交会仅有的可以凭邀请函办理签证的展会，这充分说明义乌市场和义博会的独特魅力。以国际化和专业化为目标的品牌工程是义博会的长期战略。

三、博鳌亚洲论坛

（一）论坛由来

博鳌亚洲论坛是在经济全球化进程加快和亚洲区域经济合作迅速发展的背景下成立的。1998年，菲律宾前总统拉莫斯、澳大利亚前总理霍克和日本前首相细川护熙提出建立“亚洲论坛”的构想。在中国政府的大力支持下，26个发起国的代表于2001年2月27日聚会博鳌，宣告成立博鳌亚洲论坛并通过《博鳌亚洲论坛宣言》。从2002年开始，论坛每年定期在中国海南博鳌召开年会（图8-17）。

（二）宗旨与主题

作为一个非官方、非营利、定期、定址、开放性的国际会议组织，博鳌亚

洲论坛以平等、互惠、合作和共赢为主旨，立足亚洲，推动亚洲各国间的经济交流、协调与合作；同时又面向世界，增强亚洲与世界其他地区的对话与经济联系。

论坛历届主题是：

2002年 新世纪、新挑战、新亚洲——亚洲经济合作与发展。

2003年 亚洲寻求共赢：合作促进发展。

图8–17　博鳌亚洲论坛标志

2004年 亚洲寻求共赢：一个向世界开放的亚洲。

2005年 亚洲寻求共赢：亚洲的新角色。

2006年 亚洲寻求共赢：亚洲的新机会。

2007年 亚洲寻求共赢：亚洲制胜全球经济—创新和可持续发展。

2008年 绿色亚洲：在变革中实现共赢。

2009年 经济危机与亚洲：挑战与展望。

2010年 绿色复苏：亚洲可持续发展的现实选择。

（三）2010年年会

亚洲经济正面临结构调整和转型的关键时刻。亚洲有望率先走出20世纪30年代以来最严重的经济危机，但依然面临绿色和可持续发展的严峻挑战。2010年年会就“绿色复苏：亚洲可持续发展的现实选择”这一核心问题进行深入的探讨。

2010年年会于4月9～11日在海南博鳌举行。国家副主席习近平应邀出席年会开幕式并发表题为《携手推进亚洲绿色发展和可持续发展》的主旨演讲。约有40位中外部长专程出席年会。中国负责经济决策的主要部委均到会，并通过小范围早餐会、分会讨论等形式，与企业家广泛接触，并利用这一国际场合，与到会的外国部长举行对口会谈。

参考文献

[1] 过聚荣. 中国会展经济发展报告（2008）[M]. 北京：社会科学文献出版社，2008.

[2] 王方华，过聚荣. 中国会展经济发展报告（2009）[M]. 北京：社会科学文献出版社，2009.

[3] 王方华，过聚荣. 中国会展经济发展报告（2010）[M]. 北京：社会科学文献出版社，2010.

[4] 刘大可，王起静. 会展活动概论[M]. 北京：清华大学出版社，2004.

[5] 周秀琴，李近明. 文明的辉煌：走进世界博览会历史[M]. 上海：学林出版社，2007.

[6] 俞力. 历史的回眸：中国参加世博会的故事[M]. 上海：东方出版中心，2009.

[7] 乔兆红. 一切始于世博会：博览效应与社会发展[M]. 上海：上海三联书店，2008.

[8] 乔兆红. 百年演绎：中国博览会事业的嬗变[M]. 上海：上海世纪出版集团，2009.

[9] 李智玲. 北京会展业的定位与发展[M]. 北京：经济日报出版社，2009.

[10] 白寿彝. 中国通史[M].上海：上海人民出版社，2004.

[11] 张维青，高毅清. 中国文化史[M]. 济南：山东人民出版社，2004.

[12] 张海英. 中国传统节日与文化[M]. 太原：书海出版社，2006.

[13] 耿卫忠. 中国传统节日与文化[M]. 太原：书海出版社，2006.

[14] 刘清早. 体育赛事运作[M]. 北京：人民体育出版社，2006.

[15] 卢晓.节事活动策划与管理[M]. 上海：上海人民出版社，2006.

[16] 许庆军. 走进义乌[M]. 北京：中共党史出版社，2007.

[17] 曾强吾，唐少斌. 世界纪念日节日宝典[M]. 北京：气象出版社，2004.

[18] 龚维刚，杨顺勇. 上海会展业发展报告[M]. 上海：人民出版社，2008.

[19] [美]斯塔夫里阿诺斯. 全球通史[M]. 北京：北京大学出版社，2005.

[20] [美]林恩・桑戴克. 世界文化史[M]. 上海：上海三联书店，2005.